四川省创建全国医养结合示范省培训教材

YIYANG JIEHE FUWU
YINGYONG SHIJIAN

主　编：张　聂
副主编：夏晓芹　李齐煜　林　琳
编　委：（以姓氏笔画排序）
　　　　尹雨涵　安翎灵　安　媛　李莹洁　杨婷婷　连　瑛　吴欣怡　何春渝　何　睿
　　　　何　燕　余小平　张素琴　陈　锐　范祥敏　胡天歌　钟崇鑫　黄正芳　黄　婷
　　　　梅　雪　梁　锋　梁　鑫　彭才媛　蒋　瑶　蔡　娇　魏　芬
参编单位：成都市成华区第六人民医院
　　　　　成都医学院
　　　　　成都市成华区中医医院
　　　　　成都市成华区康穗养老中心

四川大学出版社
SICHUAN UNIVERSITY PRESS

项目策划：龚娇梅　舒　星
责任编辑：龚娇梅
责任校对：仲　谋
封面设计：墨创文化
责任印制：李金兰

图书在版编目（CIP）数据

医养结合服务应用实践 / 张聂主编 . — 成都：四川大学出版社，2021.7（2025.2 重印）
　ISBN 978-7-5690-4966-4

Ⅰ . ①医… Ⅱ . ①张… Ⅲ . ①养老—社会服务—中国 Ⅳ . ① D669.6

中国版本图书馆 CIP 数据核字（2021）第 176897 号

书　名	医养结合服务应用实践
主　编	张　聂
出　版	四川大学出版社
地　址	成都市一环路南一段 24 号（610065）
发　行	四川大学出版社
书　号	ISBN 978-7-5690-4966-4
印前制作	四川胜翔数码印务设计有限公司
印　刷	成都市新都华兴印务有限公司
成品尺寸	185mm×260mm
印　张	12.25
字　数	288 千字
版　次	2021 年 10 月第 1 版
印　次	2025 年 2 月第 3 次印刷
定　价	56.00 元

版权所有 ◆ 侵权必究

◆ 读者邮购本书，请与本社发行科联系。
　电话：（028）85408408/（028）85401670/
　（028）86408023　邮政编码：610065
◆ 本社图书如有印装质量问题，请寄回出版社调换。
◆ 网址：http://press.scu.edu.cn

四川大学出版社
微信公众号

前 言

《医养结合服务应用实践》的编委会成员为成都市成华区第六人民医院、成华区中医医院、成华区康穗养老中心、成都医学院长期从事医疗、养老、健康服务业的管理、科研、教学、护理、照护工作者。本书融入了他们长期积累的工作实践与教学经验，具有较高的阅读和参考价值。

《医养结合服务应用实践》共 14 章。分别就医养结合服务相关概念与基本问题，各类型机构的服务对象和需要提供的服务项目、服务内容、服务流程，医疗与养老动态转换服务采用闭环管理方式进行仔细解读、详细指导。对安宁疗护，长期照护保险，老年常见疾病的管理，中医药及康复服务的工作流程、功能定位、具体服务内容进行系统描述。对开展医养结合服务的机构提供机构设置、人员及设备配置建议，提出机构应具备的资质条件要求，以保证机构做到依法从业、规范管理。对机构日常运行中常见的消防、食品、医疗、护理、照护等方面的安全及质量问题进行梳理，提出监管措施和整改建议，提出信息化建设中医养机构应当具备的基础硬件设备和软件服务系统，促进机构的规范化管理和运营。针对医养结合机构实施疫情常态化防控中常见的问题和相关要求，提出合理化防控建议。

本书的编写，结合了编委会成员多年的临床实践管理和操作经验，理论性与实用性兼备，内容广泛，可为医养结合机构的建设、运行和管理提供参考。本书不仅适合于有居家老年护理需求的个人和家庭阅读，也适合于对完善医养结合配套服务设施体系感兴趣的人群，或可为共同探讨"医养结合服务"提供参考和借鉴。本书可供老年病医院、护理院、安宁疗护中心、福利院、老年公寓等机构领导和各级管理人员使用，也可作为从事老年护理、医养结合、养护照料和临终关怀服务人员的培训教材和参考用书，是广大医养结合机构实施老年护理必备的一本工具书。

本书在编写过程中得到了四川省卫生健康委员会、成都市卫生健康委员会、成华区卫生健康局的大力支持，参考了大量资料并引用了相关文件中的内容，在此一并表示衷心的感谢。参考资料如有漏缺，请及时与编者联系，以便再版时进行修订、补充。

编写委员会
2020 年 9 月

【本书涉及的术语和缩略语】

1. 医养结合：指将医疗和养老资源充分整合，为老人提供"整体、连续、一体化"的医疗与养老服务。

2. 医养结合机构：是指兼具医疗卫生资质和养老服务能力的医疗机构或养老机构。

3. 综合评估：指对老人的健康风险、综合能力和社会支持等进行多维度的评估，为制订合理的健康干预计划，提供可及的健康管理服务项目，为推动老年健康管理和疾病的急慢分治提供依据。

4. 健康管理：采用现代医学、管理学的理论、技术、方法和手段对个体或群体及其影响健康的危险因素进行连续全面的监测、评估、有效干预和后期跟踪服务，从而促进"人人健康目标"实现的新型医学服务过程。

5. 健康干预：针对不同的综合评估等级制订相应的干预措施并实施，达到推动老年健康管理和疾病的急慢分治、最大限度维持和提高老人的生活生存质量的目的。

6. 失能老人：包括轻度失能、中度失能、重度失能和失智的老人。指65岁及以上通过综合评估存在健康风险（由于衰老、疾病或伤残等原因导致身体或心理、精神上的损伤或障碍、营养不良等）、自理能力缺失（表现为生活或社交能力的受限，包括功能受损、活动受限和社会参与受限）的老人。

7. 安宁疗护：是对面临危及生命的疾患的患者（成人和儿童）及其家属提供的一种提高生活质量的照护方法。这种照护通过早期识别、正确评估和处理疼痛及其他身体、社会心理或精神问题，预防并减轻患者及家属的痛苦。

8. 临终关怀：指向临终病人及其家属提供一种全面的照料，包括生理、心理、社会等方面，使临终病人的生命得到尊重、症状得到控制、生命质量得到提高，家属的身心健康得到维护和增强，属于安宁疗护服务中的一项内容。病人在临终关怀下能够无痛苦、安宁、舒适地走完人生的最后旅程。

9. 长期照护保险制度：为长期失能人员享有基本生活照料和与基本生活密切相关的日常护理等服务提供保障的社会保险制度。

10. 生活照护：是指经过相关机构培训，取得医疗护理员或养老护理员合格证（或岗前培训合格证）的人员，按生活照护项目提供日常的生活照料服务。

11. 认知障碍：认知是大脑接收处理外界信息从而能动地认识世界的过程。认知功能涉及记忆、注意、语言、执行、推理、计算和定向力等多种区域。认知障碍指上述一项或多项功能受损，它可以不同程度影响患者的社会功能和生活质量，严重时甚至导致患者死亡。老人认知功能障碍包括轻度认知功能障碍（MCI）和痴呆。

12. 中医药服务：为65岁及以上失能老人按照需求提供中医体质辨识、中医健康指导与中医药诊疗服务。

目 录

第一章 引言 …………………………………………………………（1）
 第一节 医养结合服务的概念 ……………………………………（1）
 第二节 医养结合服务的意义和作用 ……………………………（1）
 第三节 养老的现状与问题 ………………………………………（2）
 第四节 编写背景 …………………………………………………（3）
 第五节 编写目的 …………………………………………………（3）
 第六节 适用范围 …………………………………………………（4）

第二章 医养结合服务的基本要求 …………………………………（5）
 第一节 机构设置要求 ……………………………………………（5）
 第二节 科室及设施设备要求 ……………………………………（5）
 第三节 人员资质要求 ……………………………………………（5）
 第四节 环境要求 …………………………………………………（6）
 第五节 上门服务机构要求 ………………………………………（6）
 第六节 服务行为要求 ……………………………………………（7）
 第七节 服务工作要求 ……………………………………………（7）

第三章 医养结合机构的服务范围 …………………………………（8）
 第一节 服务对象 …………………………………………………（8）
 第二节 服务方式 …………………………………………………（8）
 第三节 医养结合服务内容 ………………………………………（9）

第四章 医养结合机构的服务流程 …………………………………（33）
 第一节 医养结合机构服务及转诊流程 …………………………（33）
 第二节 医养结合机构工作服务流程 ……………………………（35）

第五章 医养结合服务的动态转换 …………………………………（42）
 第一节 养转医服务衔接 …………………………………………（42）
 第二节 医转养服务衔接 …………………………………………（44）

第六章 安宁疗护 (47)
- 第一节 定义及目的 (47)
- 第二节 意义及宗旨 (47)
- 第三节 服务对象 (48)
- 第四节 服务内容 (48)

第七章 长期照护保险的管理 (50)
- 第一节 申请流程 (50)
- 第二节 服务方式 (51)
- 第三节 保障范围 (52)
- 第四节 服务项目 (52)
- 第五节 待遇标准 (55)
- 第六节 服务价格 (55)

第八章 常见老年疾病的管理 (56)
- 第一节 原发性高血压 (56)
- 第二节 冠状动脉粥样硬化性心脏病 (63)
- 第三节 慢性阻塞性肺疾病 (69)
- 第四节 脑卒中 (77)
- 第五节 2型糖尿病 (83)
- 第六节 恶性肿瘤 (88)
- 第七节 骨质疏松症 (95)
- 第八节 阿尔茨海默病 (100)
- 第九节 其他常见老年慢性疾病 (107)

第九章 常见老年疾病的中医药与康复服务 (120)
- 第一节 体质辨识与调养指导 (120)
- 第二节 中医传统康复技术的运用 (134)
- 第三节 现代康复技术的运用 (136)
- 第四节 中医药相关服务 (138)

第十章 老年人膳食与营养管理 (140)
- 第一节 老年人体质特点 (140)
- 第二节 常见的膳食与营养风险 (140)
- 第三节 机构膳食与营养管理要素 (141)
- 第四节 居家膳食与营养管理要素 (142)
- 第五节 老年慢性疾病患者膳食与营养建议 (142)

第六节　常用的肠内营养制剂…………………………………………（144）

第十一章　医养结合机构安全管理建议……………………………………（145）
　　第一节　组织架构建议……………………………………………………（145）
　　第二节　制度建设建议……………………………………………………（145）
　　第三节　风险管控的建议…………………………………………………（145）
　　第四节　常见问题管理建议………………………………………………（146）

第十二章　医养结合机构服务质量管理建议………………………………（163）
　　第一节　医疗质量管理建议………………………………………………（163）
　　第二节　护理质量管理建议………………………………………………（166）
　　第三节　照护质量管理建议………………………………………………（169）

第十三章　常态化疫情防控建议……………………………………………（173）
　　第一节　疫情期间机构常态化防控………………………………………（173）
　　第二节　疫情期间人员管控………………………………………………（177）

第十四章　信息化建设建议…………………………………………………（180）
　　第一节　医养结合机构建设建议…………………………………………（180）
　　第二节　上门服务机构信息化建设建议…………………………………（183）

参考标准………………………………………………………………………（185）

参考资料………………………………………………………………………（186）

第一章　引　言

第一节　医养结合服务的概念

医养结合服务，是指医养结合机构面向居家、社区、机构养老的老年人，在开展基本生活照料服务的基础上，提供医疗卫生方面的服务。医养结合是为了更好地适应老龄化社会的到来，更好地满足老人、特别是高龄失能老人需求的一项重要举措。

各地、各机构在探索医养结合服务工作之初，有"医疗托老、医疗康养、老年健康服务、医养融合"等多种提法。医养结合作为健康中国战略的一部分，已被纳入《健康中国 2030 规划纲要》《"十三五"老龄事业发展和养老体系建设规划》和《"十三五"健康老龄化规划》。其实，医养结合服务通俗的定义就是将现代医疗服务技术与养老保障模式有效结合，是"有病治病、无病疗养"养老保障模式的创新，是医疗服务的一种延伸。

综上所述，医养结合服务是将医疗和养老资源有效整合，为老人提供"整体、连续、一体化"服务。其主要体现在以下几个方面：综合服务团队，解决老人医、养、护、康服务需求；动态切换模式，解决老人医养功能分区服务问题；个性化服务，解决老人差异化需求问题；照护团队，解决老人日常生活问题。

第二节　医养结合服务的意义和作用

我国社会老龄化表现出未富先老、社会经济矛盾重重的特点。首先，老年疾病的常发、易发和突发性，患病、失能、失智老人的治疗和看护问题困扰着千家万户，造成个体、家庭社会经济负担沉重。而医疗机构和养老机构隶属不同的行政管理系统，互相独立、自成系统，就医与养老服务不能同时实现。其次，老人一旦患病，家属就得往返于家庭、医院和养老机构之间，既耽误治疗，也增加了家属负担。再次，老人"押床"现象使原本紧缺的优质医疗资源更加紧张，分级诊疗模式无法体现，造成不必要的资源浪费。

因此，按照健康中国战略的主题"共建共享、全民健康"要求，二级及以下的医疗机构大力发展转型，开展医养结合服务，合理整合有限资源，释放优质医疗资源，落实分级诊疗政策，为解决我国进入老龄化社会后老人对医疗和养老的"刚性需求"起到积极作用。同时，也对完善我国老年医疗和养老制度起到促进作用。

第三节　养老的现状与问题

一、社会现状

截至2019年底，我国60周岁及以上人口25388万人（约2.54亿，2018年约为2.49亿），占总人口的18.1%。其中，65周岁及以上老年人口达17603万人（约1.76亿），较上年（2018年约为1.67亿）新增945万人；占总人口的12.6%，较上年（2018年约为11.9%）新增0.7个百分点。中国的人口年龄结构将呈现出老年人口规模迅速扩大、老年人口比重持续提高，以及老龄化速度远快于其他国家等显著特征。

二、服务现状

（1）从模式上看。我国现阶段养老服务的模式主要是"9073"，即90%居家、7%社区、3%机构养老的模式。近期国家出台多项措施增进老龄健康服务管理，提倡建立健全以"居家为基础、社区为依托、机构做补充、医养相结合"的养老服务模式。经过探索，现已形成"医办养、养办医、医养联合、社区居家"四种养老服务模式，基本上解决了多数老人的医疗与养老问题，但运行中也存在许多问题。

（2）从需求来看。养老服务功能单一。多数机构不能为入住（托）的老人提供"老有所养、老有所医、老有所乐"服务，多数机构不具备为老人提供健康管理和老年照护等综合服务的功能。床位供需矛盾突出。现阶段医养结合机构、康复护理机构、安定疗护机构数量和服务能力严重不足，无法满足老人口中患有慢性病的老人、失能和部分失能老人的实际需求，老年健康问题突出。面向社区居家养老的家庭医生服务达不到实际服务需求。

（3）从机构来看。一是毗邻建设。即医疗机构与养老机构统一规划，统一建设，如养老机构紧邻街道社区卫生服务中心或医院，居家养老服务照料中心与村（社区）卫生服务中心、服务站点毗邻建设。这种模式主要适用于增量的新建机构。二是机构对接。即通过协议合作、转诊合作、对口支援、合作共建、建立医疗养老联合体、远程医疗等多种合作形式，实现医疗机构与养老机构的业务对接和服务融合。三是医、养内设机构。即养老机构内设医疗机构或医疗机构开设长期护理床位或开设护理型养老机构。四是定点机构。这是试点长期护理保险地区出现的一种比较特殊的机构对接模式，主要做法是将符合条件的养老机构纳入长期护理保险定点机构，接收医疗机构内转移的需要长期照护的失能、半失能老年人入住。五是社区照护机构。通过签约方式开展服务。

三、存在问题

经过多年的运行与探索，医养结合服务工作的开展得到了加强，也切实有效地缓解了社会老龄化带来的"刚需"医养问题,其作用和地位已得到政府、社会、家庭的认可和重视。但由于没有完整的服务体系建设内容、指导标准、考核细则,其在实际运行中仍存在以下问题:

(1) 管理问题。医疗和养老在行业主管上分别隶属于国家卫生健康委员会和民政部,而住院费用报销又属于国家医疗保障局管理。因此,在联动机制未建立前,仍会出现服务标准不统一、管理措施不落实、质量监管难度大等多头管理及服务方式错位等现象。由于未出台相应的分级管理标准,导致机构运行的质量、成本、风险管理等存在一定问题。

(2) 成本问题。目前,机构的设置没有独立的标准,在床位设置、人员及设备配置上仍是按医疗和养老行业设置的标准进行,机构运行压力大。而在实际的运行中,没有建立合理的医养转换机制,造成人员的重复配置,运行成本增加。

(3) 人才问题。医疗护理员和养老护理培训对象多为农村或下岗职工,普遍受教育程度低、年龄大,接受医学基础知识的培训存在困难。在已取得岗位合格证的护理员中,从实际工作来看,仍存在医学知识欠缺、安全风险隐患较大等问题。

第四节 编写背景

党中央、国务院高度重视医养结合服务工作。自党的十八大召开以来,国务院办公厅先后出台了《关于制定和实施老年人照顾服务项目的意见》(国办发〔2017〕52号)、《关于深入推进医养结合发展的若干意见》(2019年10月23日)、《国家基本公共卫生服务规范》(国家卫生计生委2017年2月第三版)、《老年健康与医养结合服务管理工作规范》、《关于开展老年护理需求评估和规范服务工作的通知》(国卫医发〔2019〕48号)、《医养结合机构服务指南(试行)》(2019年12月26日)等多份政策文件,医养结合的政策体系不断完善、服务能力不断提升,人民群众对医养结合服务的满意度不断提高。

同时,各地根据文件精神,积极开展医养结合服务试点,成效显著。但是,在开展的过程中也存在一些亟待解决的理论认识误区和实践操作偏差问题。为积极稳妥地推进医养结合服务工作,须澄清误区,及时纠偏,同时也须抓住核心关键,精准施策。如何坚持标准化、规范化运行,通过实用性、借鉴性强的应用实践,指导促进各医养结合机构资源的有效利用,满足日益增长的社会养老服务需求,是当前医养结合服务面临的重要课题。

第五节 编写目的

一、定方向

医养结合机构主要提供"刚需"服务,收治、收托慢性病急性发作需住院治疗的,患有慢性病需要在机构长期维持治疗、护理和照护的,急性期综合医院治疗后需转回医养结合机构康复的、慢性病后期、肿瘤晚期等需要安宁疗护或临终关怀服务的，失能伴有失智症状、病情稳定、不需要精神专科收治的老人。上门服务机构主要给慢性病稳定期需居家护理、照护的老人提供医疗护理及生活照护服务。居家护理员主要为有照护需求，但生活基本能自理的老人提供基本生活照料。

二、厘清关系

在医养结合机构中，应明确"医"是指预防保健、健康咨询、心理咨询、疾病诊治、住院治疗、医疗护理、大病康复、安宁疗护、临终关怀、"未病"干预、营养介入等内容；"养"是指生活照护、健康教育、社会性康复等内容。

三、指导服务

本书着重对实际操作、流程管理、日常监督进行阐述，旨在通过建立一种适合社会多元化需求的医养服务模式，为社会老龄化带来的医、养需求问题提供合理的指导，力争解决社会老龄化进程加快后出现的政府、社会、机构、家庭间的问题。

第六节　适用范围

本书适用于具备《医疗机构执业许可证》《养老许可证》或按要求进行养老备案登记，同时设有医疗、养老床位的医养结合机构（包含具备相应服务能力的乡镇卫生院、社区卫生服务中心）、康复医院、老年病医院、慢性病医院、护理院（中心），以及设置有老年医学科开展医养结合服务的综合医院；未设置养老床位的社区卫生服务中心、乡镇卫生院；老年照护院、养老日间照料中心等为居家老人提供医疗、养老上门服务的机构；从事老龄健康工作的管理人员、工作人员；从事医养结合服务的机构管理人员、护理人员、照护人员、居家护理员、社会工作者及老人家属等；从事医养结合服务研究、项目服务等的相关人员；开展医疗护理员、养老护理员、照护人员培训的培训机构工作人员；其他热爱和关心医养结合服务的社会人群。

第二章 医养结合服务的基本要求

第一节 机构设置要求

应当具备医疗机构执业许可或在卫生行政部门（含中医药主管部门，下同）进行备案登记，并在民政部门进行养老机构登记备案。

签约提供上门服务的机构应当具备相关的服务资质，严格按资质的执业范围开展服务。

提供餐饮服务的医养结合机构，应当持有食品经营许可证。

第二节 科室及设施设备要求

医养结合机构中的医疗机构，其科室设置、人员配备、设施设备配备、药品配备应当根据医疗机构的类型，相应地符合《医疗机构基本标准（试行）》《康复医院基本标准（2012版）》《护理院基本标准（2011版）》《护理中心基本标准（试行）》《康复医疗中心基本标准（试行）》《安宁疗护中心基本标准（试行）》《养老机构医务室基本标准（试行）》《养老机构护理站基本标准（试行）》《诊所基本标准》《中医诊所基本标准》《中医（综合）诊所基本标准》《中西医结合诊所基本标准》等各类医疗机构基本标准的要求。

医养结合机构中的养老机构，在设施设备配备方面适用《养老机构基本规范》（GB/T 29353）、《养老机构服务质量基本规范》（GB/T 35796）、《老年人照料设施建筑设计标准》（JGJ450）等国家和行业标准的要求。

不同机构的设置建议：同时设有医疗床位和养老床位的机构，严格按医疗机构床护比、医护比，养老机构床护比配备人员，保证日常运营安全。提供上门服务的机构，按开展家庭病床服务要求配备相对应的医护人员和照护人员，保证工作的质量。

第三节 人员资质要求

医护人员应当持有相关部门颁发的执业资格证书，并符合国家相关规定和行业规范对执业资质和条件的要求。

医疗护理员、养老护理员应当经相关培训合格后上岗。

根据服务需要聘请的康复治疗师、公共营养师、心理咨询师、社会工作者等相关人员应当持有相关部门颁发的资格证书。

餐饮工作人员应当持有A类健康证。

其他后勤保障、安全保卫岗位的人员（如消防安全管理人员、特种设备管理员、电工等）也应按行业要求持证上岗。

第四节　环境要求

新建的医养结合机构建筑设计应当符合《老年人照料设施建筑设计标准》（JGJ450）的要求。

消防设施设备应符合消防部门相关要求。消防灭火器的配备应当符合《建筑灭火器配置设计规范》（GB 50140）的规定。

室内空气符合《室内空气质量标准》（GB/T 18883）的要求；环境噪声符合《声环境质量标准》（GB 3096）环境噪声限值的要求；采光水平符合《建筑采光设计标准》（GB 50033）中对住宅建筑和医疗建筑场所采光的要求。

场所标识图案符合《标志用公共信息图形符号 第6部分：医疗保健符号》（GB/T 10001.6）和《图形符号 术语 第2部分：标志及导向系统》（GB/T 15565.2）的要求；无障碍设施符号符合《标志用公共信息图形符号 第9部分：无障碍设施符号》（GB/T 10001.9）的要求。

医养结合机构中的医疗机构房屋面积符合《医疗机构基本标准》中对各类医疗机构房屋面积的要求；医养结合机构中的养老机构房屋面积符合《养老机构服务质量基本规范》6.3.1的要求。

老年人居室配置的设施设备、用具安全及无障碍设施适用《老年人照料设施建筑设计标准》（JGJ450）、《养老机构安全管理》（MZ/T032）、《养老机构基本规范》（GB/T 29353）、《无障碍设计规范》（GB50763）等标准相关条款要求。

不同机构的环境设置建议：各机构应因地制宜，设置适合老人户外活动的空间，如家属交流场地及相关的"记忆空间"等有助于老人身心健康的环境和适老化环境。

第五节　上门服务机构要求

提供上门服务的机构应具备相应的执业许可证，按执业许可范围提供服务，服务人员应具备提供服务内容所要求的相关资格证书。

上门开展服务所配备的相关设施设备应满足使用，符合服务要求，同时，按要求落实设备（如血压计、心电图机等）的年检工作，保证检查结果的准确性。

上门提供诊疗服务时，应严格执行家庭病床管理制度，注意避免医疗风险事件。

第六节　服务行为要求

在服务过程中应当注重保护老年人的隐私与权利，按执业范围开展相对应服务。医护人员的行为应当符合《医疗机构从业人员行为规范》的要求。

医疗护理员、照护员等从业人员的行为应当符合国家法律法规和行业标准规范等相关要求。

第七节　服务工作要求

一、综合等级评估

评估人员应经过专业培训，具有较好的沟通能力、职业道德和业务水平，在工作中能够做到客观公正、廉洁自律，评估等级合理，资料全面真实，档案保管安全，及时出具评估结果（意见书或表）。

二、干预措施及效果评价

根据综合等级评定结果，由健康管理人员制订相对应的机构或居家干预措施，实行分级干预；提供相应等级的服务项目，并定期开展效果评价；适时修订干预措施，做到动态管理，保证干预效果。

三、信息管理

建立规范、统一的信息管理平台，做到"数据共享、资源共用、适时查询、定期监督"。

第三章　医养结合机构的服务范围

根据机构设置的规模不同，应明确医养结合机构、上门服务机构及居家护理员对服务对象的选择，服务流程的实施（包括综合等级评估、干预措施制订、服务项目的拟定、健康管理服务内容的实施），以及对健康管理效果的评价。

第一节　服务对象

医养结合机构的主要服务对象：老年慢性病急性发作需住院治疗的，患有慢性病需要在机构长期维持治疗、护理和照护的，急性期综合医院治疗后需转回医养结合机构康复的，慢性病后期、肿瘤晚期等需要安宁疗护或临终关怀服务的，失能伴有失智症状、病情稳定、不需要精神专科收治的老人。

上门服务机构主要服务对象：老年慢性病稳定期需要居家护理、照护的，已建立健康档案有护理和照护需求，不愿去机构接受服务、居家的轻度失能老人。

居家护理员主要服务对象：有照护需求，但生活基本能自理的老人。

第二节　服务方式

一、医养结合机构

对入托或入住老人提供综合评估、健康干预、定期体检及医疗、护理、中医药与康复、营养、照护、健康教育等服务。

二、上门服务机构

对居家康养老人提供基础护理、健康教育、用药指导、康复等服务和居家照护指导等。

三、居家护理员

对有居家照护需求的老人提供助餐、助洁、助娱、助急、助医等服务。

第三节　医养结合服务内容

为签约服务的老人完成基础信息采集、建立健康档案，开展失能筛查和综合评估，提供健康管理服务和管理效果评价，实现全过程、全周期管理。

一、基础信息采集

（一）公共信息采集（主要针对初建机构）

通过社区卫生服务中心或乡镇卫生院、街道社区开展居民健康调查，做出社区诊断，获取辖区内老人基础信息、健康状况、疾病谱分布、死因等情况，了解辖区老人健康状况、健康需求，为社区开展医养结合服务提供依据。

（二）评估信息采集

（1）医养结合机构：收集入托老人基础信息，开展健康体检，完善健康档案，为老人开展医养结合服务综合评估提供依据。

（2）上门服务机构：通过社区诊断数据，结合老人自身情况，签订上门服务协议，对居家老人生活习惯、患病情况、用药情况等信息进行整理收集，为老人开展医养结合服务综合评估提供管理依据。

（3）居家护理员：综合收集签约老人相关信息，为开展医养结合服务综合评估、健康及照护服务提供管理依据。

二、签约

（一）医养结合机构

对准备入托或入住的老人，根据综合等级评估结果，供需双方达成一致后进行签约，协议上应约定提供服务的方式、费用收取标准、服务内容、预测可能发生的风险及一些需要约定的事项。根据入托老人情况，进行规范体检，建立健康档案，进行动态管理。

（二）上门服务机构

对需要上门服务的老人或家属提出的需求，提供上门服务的机构应派专业人员上门评估老人情况，双方对服务相关事项达成一致后进行签约。建立相关健康档案并实施动态管理。

（三）居家护理员

针对有照护需求的居家老人，与服务老人或家属签订服务协议，明确服务内容、安全责任、预估风险等，开展相关服务。

三、综合等级评估

对入住老人及居家康养老人指定专业团队开展综合等级评估（健康风险、综合能力），掌握其存在的健康风险和失能、失智等问题，为制订干预措施和开展健康管理提供依据。

综合等级评估适合由医养结合机构和上门服务机构开展。

（一）开展健康风险评估

根据老人填写信息和现场检查所收集的健康信息，结合老人所患基础疾病治疗用药、护理、疾病转归、身体营养等情况进行健康风险评估，评定健康风险等级。（表3-1～表3-4）

表3-1 老人入院（住）基础信息登记表

姓　　名		性别		年龄	
身份证号码					
有效联系地址					
生活能力	□自理　　　□半自理　　　□不能自理				
健康状况	□患有1~2种常见慢病　　□患有多种严重慢病　　□肿瘤晚期或慢病后期				
居家健康管理	□居家康复　□健康监测　□家庭照护（助餐　助浴　助洁　上门健康指导） □特殊医疗需求＿＿＿＿＿＿＿＿＿＿＿　　　　□健康体检				
机构健康管理	□生活照护　　□门诊与住院医疗　　□康复治疗　　□营养支持　　□安宁疗护 □临终关怀　　□转诊服务（□转协议医院　　□转上级医院）				
社保类别	□城职医保　　　□城乡医保　　　□省医保　　　□异地医保　　　□自费				
第一联系人		关系		联系电话	
第二联系人		关系		联系电话	
接收入院（住）机构初步建议：□继续居家康养　　　□收住机构康疗					
温馨提示： 1. 此表为托养老人申请入院前的基本信息采集表，不作为入院（住）接收老人的依据，请申请人务必确保提供的信息真实全面，并承担信息不真实导致的后果。 2. 申请人应确认自己具备足够的权利为老人申请本次入院（住）。 　申请人签名：　　　　　与入院（住）人关系： 　信息登记人： 　　　　　　　　　　　　　　　　　　　　　　　　　　　　年　　月　　日					

表3-2 老人健康风险等级评估基本信息表

姓名：___ 性别：___ 年龄：___ 民族：___ 婚姻：___ 职业：___ 籍贯：___
现住址：_____ 评估日期：_____
资料来源：□老人本人　　□老人家属　　□老人医生　　□老人护理人员
教育程度：□大学及以上　□高中/中专　□初中　□小学　□文盲
宗教信仰：□有　□无　□不知

基本情况	
	来院方式或行走方式：□步行　□扶入　□轮椅　□急诊平车推入　□其他
	生命体征：体温___ ℃　脉搏___ 次/分　呼吸___ 次/分　血压___ mmHg SpO_2：___ %　随机血糖：___ mmol/L
	过敏史：□无　□有（□食物　　□药品_____　□其他_____）
	意识：□清醒　□嗜睡　□谵妄　□昏睡　□浅昏迷　□深昏迷
	感知觉：□说　□听　□看　思维　□植物生存状态
	情绪：□正常　□焦虑　□恐惧　□狂躁不安
	沟通能力：□正常　□能够表达自己的需要或理解别人的话，但需要增加时间 □勉强可与人交往，谈吐内容不清楚，表情不恰当　□不能表达需要或理解他人的话 □植物生存，不能沟通
	排尿：□正常　□穿纸尿裤　□留置尿管　□其他
	排便：□正常　□便秘　□腹泻　□造瘘　□其他
	睡眠状态：□正常　□日夜颠覆　□易惊醒　□多梦　□入睡困难　□药物助眠
	医疗费用支付方式：□1. 城镇职工基本医疗保险　□2. 城镇居民基本医疗保险 □3. 城乡居民基本医疗保险　□4. 贫困救助　□5. 商业医疗保险 □6. 全公费　□7. 全自费　□8. 异地医保　□9. 其他

表 3－3　老人健康风险等级（医疗、护理）指标评估表

医疗指标	营养状况评估	微型营养评定法（MNA－SF）指数评分：_____分
		MNA－SF≥12，没有营养不良危险
		8≤MNA－SF≤11，存在营养不良风险
		MNA－SF<8，存在营养不良
	康复指标	肌力：□1.0级　□2.1级　□3.2级　□4.3级　□5.4级　□6.5级
		吞咽功能：□1. 正常　2. 异常：　□误吸　□口腔吞咽困难　□咽腔吞咽困难
		心功能：□1. 正常　2. 异常：　□心衰Ⅰ级　□Ⅱ级　□Ⅲ级　□Ⅳ级
		肺功能：□1. 正常　□2. 轻度受损　□3. 中度受损　□4. 重度受损　□5. 极重度受损
		卒中情况：1. 意识水平_____　2. 凝视情况_____　3. 视野情况_____ 4. 有无面瘫_____　5. 上下肢运动_____　6. 共济失调_____
	基础疾病	既往史：1. 无　2. 高血压　3. 糖尿病　4. 冠心病　5. 慢性阻塞性肺疾病　6. 恶性肿瘤　7. 脑血管意外　8. 阿尔茨海默病　9. 严重精神障碍　10. 结核病　11. 肝炎　12. 其他法定传染病　13. 职业病　14. 其他_____
		□确诊时间　年　月　日　□确诊时间　年　月　日　□确诊时间　年　月　日
		□确诊时间　年　月　日　□确诊时间　年　月　日　□确诊时间　年　月　日
		现存在问题：□1. 神经系统：_____　□2. 循环系统：_____　□3. 呼吸系统：_____ □4. 消化系统：_____　□5. 内分泌系统：_____　□6. 泌尿生殖系统：_____ □7. 运动系统：_____　□8. 五官科：_____　□9. 皮肤科：_____
		罹患综合征情况：_____
	治疗用药	药物名称　|　用法用量　|　用药时限　|　用药依从性　|　拟调整药物
护理指标	皮肤状况	颜色：□正常 □苍白 □潮红 □黄染 □紫绀 □其他　弹性：□正常 □脱水 □水肿 部位____
		温度：□正常　□湿热　□湿冷
		完整性：□完整　□不完整（□皮疹　□出血点　□溃疡　□红臀　□破损　□其他）
		压力性损伤：□无　□有（填压力性损伤风险评估表及呈报表、高风险告知书）
	饮食指标	饮食：□软食 □半流质饮食 □流质饮食 □正常饮食
		营养评估：□高风险　□中风险　□低风险　□正常
		进食途径：□经口　□留置胃管　□完全胃肠外支持　□肠内营养　□胃肠造瘘　□其他

表 3-4 老人健康风险等级评估结果与判断标准表

		项目	一级（1分）	二级（2分）	三级（3分）	四级（4分）
评估结果判断标准	基本情况	入院方式	扶入	轮椅推入	平车推入	急诊平车推入
		意识状态	嗜睡	谵妄或模糊	昏睡	昏迷
		沟通能力	能够表达自己的需要或理解别人的话，但需要增加时间	勉强可与人交往，谈吐内容不清楚，表情不恰当	不能表达需要或理解他人的话	植物生存，不能沟通
		饮食情况	软食	特殊饮食	半流质饮食	留置胃管、完全胃肠外支持、胃肠造瘘
		睡眠情况	睡眠障碍	睡眠颠倒	完全不能入睡	不能沟通，植物生存
	专项指标	皮肤状况及颜色	潮红	脱水或黄染	水肿	破损、颜色苍白或紫绀
		压力性损伤分期	一期	二期	三期	四期或深部组织损伤
	基础疾病	病情情况	轻	平稳	较重	危重
		多系统疾病	1个系统，无并发症	1个系统伴一般并发症	2个系统或1个系统伴严重并发症	3个系统以上
	安全用药	服药情况	1~2种	3种	4种	5种以上
	康复指标	肌力情况	肌力4级	肌力3级	肌力2级	肌力0~1级
		吞咽功能	2级	3级	4级	5级
		心功能	心功能Ⅰ级	心功能Ⅱ级	心功能Ⅲ级	心功能Ⅳ级
		肺功能	轻度受损	中度受损	重度受损	极重度受损
		卒中情况	轻度肢体运动功能受限	轻度肢体运动功能障碍	肢体运动功能障碍	肢体运动功能障碍或无法运动
	风险指标	压力性损伤风险	低危	中危	高危	极高危
		跌倒风险	/	低风险	中风险	高风险
		管道滑脱	低风险	中风险	高风险	随时滑脱
		心理安全	紧张	焦虑不安	恐惧	自伤或攻击行为
		噎呛误吸风险	/	低风险	中风险	高风险
		营养风险	/	/	专项评分8~11分	专项评分≤8分

评估定级结果	□一级　　□二级　　□三级　　□四级　　□其他_____
	说明：1. 评估总分≤18分，为一级；2. 评估部分大于18分，小于41分，为二级；3. 评估总分大于41分，小于63分，为三级；4. 评估总分大于63分，小于84分，为四级。5. 最终定级内容借助分级护理标准及Braden评分表、营养风险评估表、跌倒/坠床风险评估表、导管滑脱风险评估表评估结果

建议：

□社区居家养老　　□医养结合机构疗养　　□其他_____

老人签名：_____　监护人或委托人姓名：_____　与患者的关系：_____　联系方式：_____

评估人员签名：　　　　　　　　　　　　　　　　　　　　日期：　　年　月　日

（二）开展综合能力评估

根据老人的基础信息，结合老人现场检查情况，开展老人的日常生活活动能力、精神状态与社会参与能力、感知觉与沟通能力、老年综合征罹患情况评估，为制订老人的生活照护干预措施、生活照护服务内容提供实施依据。（表3-5～表3-11）

表3-5 老人日常生活活动能力评分表

姓名：	性别： 年龄：	
评估项目	具体评价指标及分值	分值
1. 卧位状态左右翻身	0分，不需要帮助	
	1分，在他人的语言指导下或照看下能够完成	
	2分，需要他人动手帮助，但以自身完成为主	
	3分，主要靠帮助，自身只是配合	
	4分，完全需要帮助，或更严重的情况	
2. 床椅转移	0分，个体可以独立地完成床椅转移	
	1分，个体在床椅转移时需要他人监控或指导	
	2分，个体在床椅转移时需要他人少量接触式帮助	
	3分，个体在床椅转移时需要他人大量接触式帮助	
	4分，个体在床椅转移时完全依赖他人	
3. 平地步行	0分 个体能独立平地步行50m左右，且无摔倒风险	
	1分，个体能独立平地步行50m左右，但存在摔倒风险，需要他人监控，或使用拐杖、助行器等辅助工具	
	2分，个体在步行时需要他人少量扶持帮助	
	3分，个体在步行时需要他人大量扶持帮助	
	4分，无法步行，完全依赖他人	
4. 非步行移动	0分，个体能够独立地使用轮椅（或电动车）从A地移动到B地	
	1分，个体使用轮椅（或电动车）从A地移动到B地时需要监护或指导	
	2分，个体使用轮椅（或电动车）从A地移动到B地时需要少量接触式帮助	
	3分，个体使用轮椅（或电动车）从A地移动到B地时需要大量接触式帮助	
	4分，个体使用轮椅（或电动车）时完全依赖他人	
5. 活动耐力	0分，正常完成日常活动，无疲劳	
	1分，正常完成日常活动轻度费力，有疲劳感	
	2分，完成日常活动比较费力，经常疲劳	
	3分，完成日常活动十分费力，绝大多数时候都很疲劳	
	4分，不能完成日常活动，极易疲劳	

续表3－5

姓名：	性别：	年龄：	
6. 上下楼梯	0分，不需要帮助		
	1分，在他人的语言指导下或照看下能够完成		
	2分，需要他人动手帮助，但以自身完成为主		
	3分，主要靠帮助，自身只是配合		
	4分，完全需要帮助，或更严重的情况		
7. 食物摄取	0分，不需要帮助		
	1分，在他人的语言指导下或照看下能够完成		
	2分，使用餐具有些困难，但以自身完成为主		
	3分，需要喂食，喂食量超过一半		
	4分，完全需要帮助，或更严重的情况		
8. 修饰：包括刷牙、漱口、洗脸、洗手、梳头	0分，不需要帮助		
	1分，在他人的语言指导下或照看下能够完成		
	2分，需要他人动手帮助，但以自身完成为主		
	3分，主要靠帮助，自身只是配合		
	4分，完全需要帮助，或更严重的情况		
9. 穿/脱上衣	0分，不需要帮助		
	1分，在他人的语言指导下或照看下能够完成		
	2分，需要他人动手帮助，但以自身完成为主		
	3分，主要靠帮助，自身只是配合		
	4分，完全需要帮助，或更严重的情况		
10. 穿/脱裤子	0分，不需要帮助		
	1分，在他人的语言指导下或照看下能够完成		
	2分，需要他人动手帮助，但以自身完成为主		
	3分，主要靠帮助，自身只是配合		
	4分，完全需要帮助，或更严重的情况		
11. 身体清洁	0分，不需要帮助		
	1分，在他人的语言指导下或照看下能够完成		
	2分，需要他人动手帮助，但以自身完成为主		
	3分，主要靠帮助，自身只是配合		
	4分，完全需要帮助，或更严重的情况		

续表3-5

姓名：	性别：	年龄：	
12. 使用厕所	0分，不需要帮助		
	1分，在他人的语言指导下或照看下能够完成		
	2分，需要他人动手帮助，但以自身完成为主		
	3分，主要靠帮助，自身只是配合		
	4分，完全需要帮助，或更严重的情况		
13. 小便控制	0分，每次都能不失控		
	1分，每月失控1~3次		
	2分，每周失控1次		
	3分，每天失控1次		
	4分，每次都失控		
14. 大便控制	0分，每次都能不失控		
	1分，每月失控1~3次		
	2分，每周失控1次		
	3分，每天失控1次		
	4分，每次都失控		
15. 服用药物	0分，能自己负责在正确的时间服用正确的药物		
	1分，在他人的语言指导下或照看下能够完成服药		
	2分，如果事先准备好服用的药物分量，可自行服药		
	3分，主要依靠帮助服药		
	4分，完全不能自行服用药物		

上述评估项目总分为60分，本次评估得分为_____分

评估人员签名：

表 3-6　老人精神状态与社会参与能力评分表

姓名：	性别：	年龄：	
评估项目	具体评价指标及分值		分值
1. 时间定向	0分，时间观念（年、月、日、时）清楚		
	1分，时间观念有些下降，对年、月、日较清楚，但有时相差几天		
	2分，时间观念较差，对年、月、日不清楚，可知上半年或下半年		
	3分，时间观念很差，对年、月、日不清楚，可知上午或下午		
	5分，无时间观念		
2. 空间定向	0分，可单独出远门，能很快掌握新环境的方位		
	1分，可单独来往于附近街道，知道现住地的名称和方位，但不知回家路线		
	2分，只能单独在家附近行动，对现住地只知名称，不知道方位		
	3分，只能在左邻右舍间串门，对现住地不知名称和方位		
	5分，不能单独外出		
3. 人物定向	0分，知道与周围人的关系，知道祖孙、叔伯、姑姨、侄子侄女等称谓的意义；可分辨陌生人的大致年龄和身份，可用适当称呼		
	1分，只知家中亲密近亲的关系，不会分辨陌生人的大致年龄，不能称呼陌生人		
	2分，只能称呼家中人，或只能照样称呼，不知其关系，不辨辈分		
	3分，只认识常同住的亲人，可称呼子女、孙子、孙女，可辨熟人和陌生人		
	5分，只认识保护人，不辨熟人和陌生人		
4. 记忆	0分，总是能够保持与社会、年龄所适应的长时、短时记忆，能够完整地回忆		
	1分，出现轻度的记忆紊乱或回忆不能（不能回忆即时信息，3个词语经过5分钟后仅能回忆0～1个）		
	2分，出现中度的记忆紊乱或回忆不能（不能回忆近期记忆，不记得上一顿饭吃了什么）		
	3分，出现重度的记忆紊乱或回忆不能（不能回忆远期记忆，不记得自己的老朋友）		
	5分，记忆完全紊乱或完全不能对既往事物进行正确的回忆		
5. 攻击行为	0分，没出现		
	1分，每月出现一两次		
	2分，每周出现一两次		
	3分，过去3天里出现过一两次		
	5分，过去3天里天天出现		

续表3-6

姓名：	性别：	年龄：	
6. 抑郁症状	0分，没出现		
	1分，每月出现一两次		
	2分，每周出现一两次		
	3分，过去3天里出现过一两次		
	5分，过去3天里天天出现		
7. 强迫行为	0分，无强迫症状（如反复洗手、关门、上厕所等）		
	1分，每月有1~2次强迫行为		
	2分，每周有1~2次强迫行为		
	3分，过去3天里出现过一两次		
	5分，过去3天里天天出现		
8. 财务管理	0分，金钱的管理、支配、使用，能独立完成		
	1分，因担心算错，每月管理约1000元		
	2分，因担心算错，每月管理约300元		
	3分，接触金钱机会少，主要由家属代管		
	5分，完全不接触金钱等		

上述评估项目总分为40分，本次评估得分为_____分
评估人员签名：

表3-7 老年人感知觉与沟通能力评分表

评估项目	具体评价指标及分值	分值
1. 意识水平	0分，意识清楚，对周围环境警觉	
	1分，嗜睡，表现为睡眠状态过度延长，当呼唤或推动其肢体时可唤醒，并能进行正确的交谈或执行指令，停止刺激后又继续入睡	
	2分，昏睡，一般的外界刺激不能使其觉醒，给予较强烈的刺激时可有短时的意识清醒，醒后可简短回答提问，当刺激减弱后又很快进入睡眠状态	
	3分，昏迷，处于浅昏迷时对疼痛刺激有回避和痛苦表情；处于深昏迷时对刺激无反应（若评定为昏迷，直接评定为重度失能，可不进行以下项目的评估）	
2. 视力（若平日带老花镜或近视镜，应在佩戴眼镜的情况下评估）	0分，视力完好，能看清书报上的标准字体	
	1分，视力有限，看不清报纸上的标准字体，但能辨认物体	
	2分，辨认物体有困难，但眼睛能跟随物体移动，只能看到光、颜色和形状	
	3分，没有视力，眼睛不能跟随物体移动	

续表3-7

评估项目	具体评价指标及分值	分值
3. 听力（若平时佩戴助听器，应在佩戴助听器的情况下评估）	0分，可正常交谈，能听到电视、电话、门铃的声音	
	1分，在轻声说话或说话距离超过2米时听不清	
	2分，正常交流有些困难，需在安静的环境、大声说话或语速很慢的情况下，才能听到	
	3分，完全听不见	
4. 沟通交流（包括非语言沟通）	0分，无困难，能与他人正常沟通和交流	
	1分，能够表达自己的需要或理解别人的话，但需要增加时间或给予帮助	
	2分，勉强可与人交往，谈吐内容不清楚，表情不恰当	
	3分，不能表达需要或理解他人的话	

上述评估项目总分为12分，本次评估得分为＿＿＿分
评估人员签名：

表3-8 老人能力评估标准表

日常生活活动能力	精神状态与社会参与能力				感知觉与沟通能力			
	0分	1~8分	9~24分	25~40分	0分	1~4分	5~8分	9~12分
0分	完好	完好	轻度受损	轻度受损	完好	完好	轻度受损	轻度受损
1~20分	轻度受损	轻度受损	中度受损	中度受损	轻度受损	轻度受损	中度受损	中度受损
21~40分	中度受损	中度受损	中度受损	重度受损	中度受损	中度受损	中度受损	重度受损
41~60分	重度受损	重度受损	重度受损	重度受损	重度受损	重度受损	重度受损	重度受损

备注：

1. 本表根据《WHO国际功能、残疾和健康分类（ICF）》《日常生活活动能力评分量表（ADLs）》《工具性日常生活活动能力量表（IADLs）》《简易智能精神状态检查表（MMSE）》《临床失智评估量表（CDR）》《Bathel指数评定量表》《护理分级》《老年人能力评估》等，结合我国老人护理特点和部分省市地方实践经验制订。

2. 根据对老人日常生活活动能力、精神状态与社会参与能力、感知觉与沟通能力3个维度的评估评分情况，将老人能力评定为4个等级，即完好、轻度受损、中度受损、重度受损。

先根据日常生活活动能力得分情况确定区间，再分别结合精神状态与社会参与能力，以及感知觉与沟通能力得分情况确定老人能力等级，以受损度最重的老人能力等级为准。

表 3-9 老人老年综合征罹患情况表

姓名：_____ 性别：_____ 年龄：_____

请判断老年人是否存在以下老年综合征：

1. 跌倒（30天内）	□无 □有
2. 谵妄（30天内）	□无 □有
3. 慢性疼痛	□无 □有
4. 老年帕金森综合征	□无 □有
5. 抑郁症	□无 □有
6. 晕厥（30天内）	□无 □有
7. 多重用药	□无 □有
8. 痴呆	□无 □有
9. 失眠症	□无 □有
10. 尿失禁	□无 □有
11. 压力性损伤	□无 □有
12. 其他（请补充）：	
老年综合征罹患合计_____项	

表 3-10 老人综合能力评估定级标准表

综合能力等级	维度	
	老年人能力分级	老年综合征罹患项数
0级（能力完好）	完好	1~2项
1级（轻度失能）	完好	3~5项
	轻度受损	1~2项
2级（中度失能）	轻度受损	3~5项
	中度受损	1~2项
3级（重度失能）	中度受损	3~5项
	重度受损	1~2项
4级（极重度失能）	重度受损	3~5项
	/	5项及以上

备注：

1. 根据老人能力评估分级和老年综合征罹患项数两个维度评估情况，将综合能力等级分为5个等级，即0级（能力完好）、1级（轻度失能）、2级（中度失能）、3级（重度失能）、4级（极重度失能）。

2. 老人综合能力评估表参照依据国卫医发〔2019〕48号文中相关表格制订。

表 3-11　老人综合能力等级评定表

项目	日常生活活动能力	精神状态与社会参与能力	感知觉与沟通能力	老年综合征罹患情况
得分				
综合能力等级				
评估人员签名：				

（三）综合等级评估定级

结合健康风险和老人综合能力评估情况，根据各项评估情况进行综合等级定级。（表 3-12、表 3-13）

表 3-12　老人综合等级评定汇总表

评估项目	一级	二级	三级	四级
健康风险				
综合能力				
综合等级评定				

评估机构：　　　　　　　　评定时间：　　年　月　日

说明：
1. 一级为健康风险和综合能力等级最轻，按常规提供日常生活照料和健康咨询、健康教育、用药指导。
2. 二至四级健康风险和综合能力等级依次递增，不同机构根据评估结果，制订不同的干预措施，提供不同的医疗、护理、照护服务内容。
3. 此表作为机构收取健康管理及生活照护等级服务费用与家属确认的依据。

评估员签字：　　　　　　　　家属签字：

表 3-13　老人健康分级管理与综合等级评定结果对应表

健康分级管理	综合等级评定结果	
一级（低危）	健康风险为一级	综合能力为 0~1 级
二级（中危）	健康风险为二级	综合能力为 2 级
三级（高危）	健康风险为三级	综合能力为 3 级
四级（极高危）	健康风险为三、四级	综合能力为 4 级

备注：依据国卫医发〔2019〕48 号文规定一级为最轻，二、三、四级依次递增；最终健康管理等级参照老年人综合能力评估标准制订，一级最轻，依次递增。

四、实施干预

（一）干预措施制订

根据综合等级评定情况，制订相对应的医疗、护理、照护干预措施，为开展健康分

级管理和照护提供参考依据。（表3-14～表3-22）

表3-14 老人健康风险（医疗）干预措施表

姓名：_____ 性别：___ 年龄：_____ 民族：_____ 婚姻：_____ 职业：_____ 籍贯：_____
现住址：_____ 入院日期：_____
综合评定等级：_____

	项目	一级	二级	三级	四级
共性干预措施	1. 生命体征测量	1次/天	2次/天	2次/天或以上	3次/天或以上
	2. 健康监测巡诊	护士查房：1次/天 医生查房：1次/天 血糖监测：据病情需要	护士查房：2次/天 医生查房：2次/天 血糖监测：据病情需要	护士查房：2次/天或以上 医生查房：2次/天或以上 血糖监测：据病情需要	护士查房：3次/天或以上 医生查房：3次/天或以上 血糖监测：据病情需要
	3. 医疗干预	□门诊治疗 □住院治疗 □转上级医院 □进入安宁疗护中心	□门诊治疗 □住院治疗 □转上级医院 □进入安宁疗护中心	□门诊治疗 □住院治疗 □转上级医院 □进入安宁疗护中心	□门诊治疗 □住院治疗 □转上级医院 □进入安宁疗护中心
	4. 中医药干预	□体质辨识、辨证治疗 □养生指导	□体质辨识、辨证治疗 □养生指导	□体质辨识、辨证治疗 □养生指导	□体质辨识、辨证治疗 □养生指导
	5. 康复服务	□中医康复指导	□中医康复指导 □物理治疗	□中医康复治疗 □物理治疗 □作业治疗	□中医康复治疗 □物理治疗 □作业治疗
	6. 心理支持与健康教育	□健康宣教 □心理关怀 □文化娱乐活动	□健康宣教 □心理关怀 □文化娱乐活动	□健康宣教 □心理关怀 □文化娱乐活动	□健康宣教 □心理关怀 □文化娱乐活动
	7. 营养支持	□适老化营养膳食 □其他饮食习惯 □流质饮食 □半流质饮食	□适老化营养膳食 □其他饮食习惯 □流质饮食 □半流质饮食	□适老化营养膳食 □其他饮食习惯 □流质饮食 □半流质饮食	□适老化营养膳食 □其他饮食习惯 □流质饮食 □半流质饮食
个性干预措施	1. 特殊用药情况				

	药物名称	用法用量	用药时限	用药依从性	拟调整药物
目前用药					

2. 康复治疗：□物理康复治疗 □现代作业康复 □传统康复训练 □其他
3. 专科治疗：□安宁疗护 □压力性损伤治疗 □其他
4. 营养治疗：□肠内营养制剂 □肠外营养制剂 □特殊饮食（高血压 糖尿病等） □营养指导
5. 特殊检查：检查项目（根据老人情况判断）
6. 安全风险干预：□预防跌倒 □预防噎呛/误吸风险 □导管滑脱落 □预防危险因素（□自伤 □攻击行为 □心理疾病）

健康管理医师签名： 年 月 日

备注：依据《老年健康与医养结合服务管理工作规范》制订。

表3-15 老人健康风险（护理）干预措施表

姓名：_____ 性别：_____ 年龄：___（岁） 民族：_____ 职业：_____ 文化程度：_____
婚姻：_____ 住址：_____ 入院时间：_____
综合等级评定：

	项目	一级	二级	三级	四级
护理干预计划	1. 健康宣教	1次/7天	1次/7天	1次/3天	1次/天
	2. 营养护理	普食（普食、流食、软食）	治疗饮食（低盐、低脂、高血压与糖尿病饮食等）	营养干预（营浆膳）	营养治疗（肠内营养 肠外营养）
	3. 心理护理	1次/7天	1次/7天	1次/3天	1次/天
	4. 基础护理	1次/天	2次/天	2次/天	3次/天

续表3-15

专科护理	□内分泌疾病护理措施　□肿瘤疾病护理措施　□循环系统疾病护理措施　□呼吸系统疾病护理措施　□神经系统疾病护理措施　□其他疾病护理措施_____
特殊护理	1. □气垫床翻身护理（1次/2小时） 2. □压力性损伤护理，定期换药 3. □管道护理（鼻氧管护理　胃管护理　尿管护理　造瘘管护理　深静脉置管护理与换管） 4. □长照护理　□康复护理（四肢肌力康复护理　吞咽康复护理　心功能康复护理　肺功能康复护理　言语康复护理　卒中康复护理　生活能力康复护理） 5. □健康宣教　□文化娱乐活动　□心理辅导　□人文关怀
风险防控	□预防噎呛/误吸风险　□预防其他危险因素（自伤　攻击行为　心理疾病）
健康管理护士签名：	年　月　日

备注：依据《关于开展老年护理需求评估和规范服务工作的通知》（国卫医发〔2019〕48号）制订。

表3-16　老人生活照护干预措施表

姓名：_____　性别：_____　年龄：_____（岁）　职业：_____　婚姻：_____
文化程度：_____　民族：_____　联系方式：_____
住址：_____　入院时间20　年　月　日　时　分

综合等级评定：					
照护干预计划	等级项目	一级	二级	三级	四级
	助餐	1次/3天（协助）	3次/天	3次/天或以上	3次/天或以上
	助浴	冬季1次/周、夏季4次/周，或根据老人身体情况按需提供	冬季1次/周、夏季4次/周，或根据老人身体情况按需提供	冬季1次/周、夏季4次/周，或根据老人身体情况按需提供	冬季1次/周、夏季4次/周，或根据老人身体情况按需提供
	助健康	按需协助	1次/3天或以上	1次/天或以上	随时
	助洁	按需协助	2次/天或以上	3次/天或以上	随时
康复锻炼	□辅助器具使用指导　□良肢位摆放　□翻身训练及指导　□关节被动活动指导　□换成轮椅户外活动				
特殊照护	1. □气垫床定期翻身照护（1次/2小时） 2. □压力性损伤护理 3. □协助用药 4. □健康宣教　□文化娱乐活动　□心理辅导　□人文关怀 5. □协助有效排痰 6. □特殊饮食照护 7. □临终关怀				
风险防控	□预防噎呛/误吸风险　□预防跌倒、坠床、烫伤指导　□预防压力性损伤 □预防其他危险因素（自伤　攻击行为　心理疾病）				
生活照护员签名：				年　月　日	

备注：依据《关于开展老年护理需求评估和规范服务工作的通知》（国卫医发〔2019〕48号）制定。

(二）提供服务项目

各类医养结合机构应当提供的服务项目包括但不限于基本服务（生活照料服务、膳食服务、清洁卫生服务、洗涤服务、文化娱乐服务）、医疗服务、护理服务、心理精神支持等服务。不同的机构、服务方式和服务对象，提供不同的服务内容。

（1）医养结合服务类机构服务内容一览表见表3-17。

表3-17 医养结合服务类机构服务内容一览表

项目	内容指标
综合评估	1. 健康风险（医疗、营养、护理） 2. 综合能力（生活活动能力、精神状态与社会参与能力、感知觉与沟通能力）
健康管理	1. 健康管理服务 (1) 入住医养结合机构的老人应全部建立健康档案，已有健康档案的老人，可组织办理好转移接续手续，不必重复建立。有条件的机构可建立电子健康档案。健康档案应按照《国家基本公共卫生服务规范（第三版）》要求建立，可根据各机构不同条件适当增加内容，保证内容准确、信息完整。工作人员应建立老人就诊、会诊、转诊等接受医疗服务的记录，并放入健康档案中。健康档案应当随着老人身体健康状况变化及时更新。 (2) 医养结合机构可每年自行提供或安排其他医疗机构提供至少1次老人体检服务，并根据老人需求，提供个性化体检服务。体检结果应当及时反馈给老人及其家属。医护人员、养老服务人员及时对体检结果进行沟通，以便为老人提供合适的服务。 (3) 针对老人的健康状况及老人的个性化需求，提供养生保健、疾病预防、营养、心理健康等健康管理服务 2. 健康教育和健康知识普及 (1) 医养结合机构应当开展健康教育和健康知识普及服务，可制作和发放健康教育宣传资料，如健康教育折页、健康教育处方和健康手册等。内容包括但不限于合理膳食、控制体重、适当运动、心理平衡、改善睡眠、戒烟限酒、科学就医、合理用药等健康生活方式及可干预危险因素的健康教育。 (2) 在老人公共活动区域设置健康教育宣传栏，并根据季节变化、疾病流行情况、老人需求等及时更新。 (3) 定期举办老人健康知识讲座，引导老人学习健康知识，掌握疾病预防的措施及必要的健康技能

续表3-17

项目	内容指标
医疗服务	1. 定期巡诊 (1) 应当根据老人健康需求，安排医生定期到老人居住的房间巡诊并做好记录； (2) 医生在巡诊过程中应当记录老人血压、心率等健康状况，及时发现老人的病情变化； (3) 在巡诊过程中，可为有需要的老人提供健康指导服务 2. 老人常见病、多发病诊疗 (1) 在诊疗前要详细询问老人的病史，并进行仔细的体格检查。在诊疗过程中，要进行必要的体检和辅助检查； (2) 应当评估老人病情、过敏史、用药史、不良反应史； (3) 给药前应当核对处方和药品，按照卫生健康行政部门的相关规定协助老人用药，以免误服、漏服； (4) 有条件的机构可开展远程医疗服务，以辅助诊断与治疗； (5) 参考已发布的临床路径和有关诊疗指南为老人提供常见病、多发病诊疗服务 3. 急诊救护服务 (1) 有条件的机构应当安排医护人员24小时值班，及时提供急诊救护服务； (2) 针对无能力处理的急危重症，遵循就近转诊原则，立即呼叫"120"或电话通知上级医院派救护车接老人到医院抢救，并通知其家属。在救护车到达之前，现场医护人员可根据老人病情进行必要的处理，如心肺复苏、清理呼吸道和面罩给氧等 4. 危重症转诊服务 (1) 医养结合机构可与周边综合医院、中医医院建立签约合作关系，开设转诊绿色通道，明确服务流程，确保实现及时有效转诊； (2) 医养结合机构若在诊疗过程中遇到无法解决的技术问题，或患者的病情超出了医养结合机构的专业范围或医疗水平，应当征求家属同意后，为患者提供及时、有效的转诊服务； (3) 可安排专门的医护人员或熟悉患者情况的服务人员跟随转诊或与转诊医院对接，以便接诊医院及时了解患者病情 5. 分级诊疗 6. 用药指导
康复服务	1. 传统康复治疗 运用中医传统针灸、按摩手法等手段进行康复治疗 2. 物理治疗 (1) 物理治疗包括但不限于运动治疗、物理因子治疗等； (2) 康复人员在实施物理治疗前，需要通过对老人身体形态、肌力、感觉、协调能力、心血管功能等的评估情况，结合老人身体功能制订康复治疗方案； (3) 康复人员可采用徒手训练和器械训练等运动治疗技术，以维持和恢复因组织粘连和肌肉痉挛等多因素引发的老人关节功能障碍； (4) 康复人员可采用电疗法、光疗法、磁疗法、超声波疗法、冷疗法、热疗法、压力疗法等物理因子治疗技术预防和治疗疾病； (5) 康复人员需按照《常用康复治疗技术操作规范（2012年版）》相关要求为老人提供物理治疗康复服务 3. 作业治疗 (1) 作业治疗包括但不限于自助具适配、助行器使用、轮椅选择与使用、矫形器制作与使用等； (2) 康复人员在实施作业治疗前，需要通过日常生活活动能力评定、手功能评定、知觉功能评定、认知功能评定等评估老人作业功能障碍情况，并制订康复治疗方案； (3) 康复人员可通过日常生活活动训练、娱乐与休闲活动训练、手功能训练、知觉功能训练等提高老人生活和劳动能力； (4) 康复人员需要指导和协助老人正确使用拐杖、步行器、支架、轮椅等助行器具； (5) 康复人员需按照《常用康复治疗技术操作规范（2012年版）》相关要求为老人提供作业治疗康复服务
中医药服务	(1) 充分利用中医药技术方法，为老人提供常见病、多发病、慢性病的中医诊疗服务； (2) 为老人提供中医健康状态辨识与评估、咨询指导、健康管理等服务，使用按摩、刮痧、拔罐、艾灸、熏洗等中医技术，以及以中医理论为指导的个性化起居养生、膳食调养、情志调养、传统体育运动等对老人进行健康干预； (3) 为老人提供具有中医特色的康复服务，并和现代康复技术相融合； (4) 医养结合机构提供的中药煎煮服务要符合《医疗机构中药煎药室管理规范》要求

续表 3-17

项目	内容指标
护理服务	（1）为老人提供的护理服务参照《老年护理实践指南（试行）》执行； （2）应当遵循查对制度，符合标准预防的安全原则，部分服务还应当符合消毒隔离、无菌技术的原则，遵医嘱为老人提供护理服务； （3）开展专科护理、皮肤护理、管道及其他特殊护理等
支持服务	1. 营养支持 营浆膳提供、营养餐指导、营养菜谱制订 2. 营养治疗 设有营养科的机构提供肠内、肠外制剂，开展辅助治疗 3. 心理精神支持服务 （1）心理精神支持服务包括但不限于环境适应、情绪疏导、心理支持、危机干预、情志调节等； （2）应当由心理咨询师、社会工作者、医护人员或经过心理学相关培训的医疗护理员、养老护理员承担； （3）应当配备提供心理或精神支持服务必要的环境、设施与设备； （4）应当帮助刚入住机构的老人熟悉机构环境，融入集体生活； （5）应当了解掌握老人心理和精神状况，发现异常及时与老人沟通，并告知第三方；必要时请医护人员、社会工作者等专业人员协助处理或转至专业医疗机构； （6）有条件的机构可定期组织志愿者为老人提供服务，促进老人与外界社会接触；倡导老人参与力所能及的志愿活动； （7）应当协调督促相关第三方定期探访老人，与老人保持联系 4. 失智老人服务 （1）为有需求的失智老人提供基本服务、医疗服务、中医药服务、护理服务、康复服务、辅助服务、心理精神支持服务等，可参考本指南前述服务内容与要求； （2）对于有失智老人入住的机构，应当为失智老人做好安全防护措施，包括但不限于： ——通过色彩、声音、光线、主题装饰等区分各功能区域，房间入口可用老人熟悉的物品作为具体标识； ——提供被有效限制的安全徘徊路径，以老人喜爱和熟悉的色彩、声音、主题装饰等做道路指引； ——服务场所应当配置门禁系统或电子定位设备等智能化设施设备，公共区域设置电子监控，有条件的机构可提供防走失手环等，防止老人走失； ——遮蔽会将失智老人带到危险的出入口，窗和大片玻璃应当有防撞提示或遮挡物，防止老人误入或误撞； ——对失智老人自带的食品、药品、物品进行监管，隔离危险物品，如尖锐用品、有毒物品、洗涤用品、易燃易爆品、电器，以防老人受到伤害； ——对出现伤人、自伤或毁物的失智老人采取保护性约束，记录起止时间、原因及失智老人身心状况，根据情况及时解除保护性约束； （3）有条件的机构应当为失智老人提供认知康复服务，依据其认知程度、身体功能、兴趣爱好，制订可达成的认知功能康复计划，包括但不限于： ——开展记忆力、定向力、注意力、计算力、执行力、语言功能等训练； ——开展进食、修饰、清洁、如厕等日常生活活动能力训练； ——开展有利于认知功能改善的运动感觉训练 （4）应当动态观察失智老人情绪或心理的变化并了解根源，及时交流沟通，多使用指令性及鼓励性语言，适当给予解释、安慰。对有情绪和心理问题的失智老人，必要时应当请专业人员协助处理或转至专业医疗机构进行情绪疏导、心理咨询及危机干预； （5）应正确认识失智老人的精神行为症状，给予其包容与尊重，消除易触发行为问题的不当交流和护理方法 5. 辅助服务 （1）辅助服务内容包括但不限于观察老人日常生活情况变化、协助或指导老人使用辅助器具、化验标本的收集送检、陪同老人就医并协助老人完成医疗护理辅助工作等； （2）服务人员若发现老人日常生活情况变化，应当及时通知医护人员； （3）服务人员应当遵医嘱协助完成化验标本的收集与送检，及时取出检验结果报告并递交给医护人员； （4）陪同就医过程中应当注意老人安全，并及时向监护人反馈就诊情况。就医完成后及时将用药剂量、方式、频率等医嘱内容告知老人或监护人，并与其他服务人员完成工作交接

续表3-17

项目	内容指标
安宁服务	(1) 医护人员主要为老人提供疼痛及其他症状控制、舒适照护、心理、精神及社会支持等人文关怀服务，应当参照《安宁疗护实践指南（试行）》内容执行； (2) 医护人员主要为需要安宁疗护的老人控制疼痛、呼吸困难、咳嗽、咯血、呕吐、便血、腹胀、水肿、发热、厌食、口干、失眠等症状。药物治疗后注意观察药物疗效和不良反应，如有异常情况发生，及时处理； (3) 可根据老人需求，帮助其应对情绪反应、寻求社会支持，为其提供死亡教育等心理支持和人文关怀服务。应当尊重老人的价值观与信仰，保护老人的隐私与权利。
长照照护保险服务	试点地区可参照医保制订的服务项目开展服务
照护服务	按生活失能等级提供相对应的生活照护内容

(2) 上门服务类机构服务内容一览表见表3-18。

表3-18 上门服务类机构服务内容一览表

项目	服务内容
综合评估	健康风险（医疗、营养、护理） 综合能力（活动能力、精神状态与社会参与能力、感知觉与沟通能力）
健康管理	健康档案建立和利用，开展健康教育，如中医药养生知识普及，制订和实施干预措施，对干预效果进行定期评价
医疗服务	慢性病监测与随访管理，落实分级诊疗和双向转诊，建立家庭病床，提供非治疗手段的基础医疗和转介服务，居家康复指导、护理知识和技能指导，心理支持、营养改善指导
咨询服务	提供医养等相关老年健康政策咨询

(3) 居家护理。

居家护理主要提供助餐、助洁、助急、助医、助娱服务项目，以及与老人达成一致的其他服务项目。

（三）健康分级管理服务

根据综合等级评估定级和干预措施对老人实施健康管理分级服务。

(1) 医养结合机构：按级别为入住老人提供共性和个性化的分级服务项目。
(2) 上门服务机构：根据服务协议参照分级服务项目表提供服务。
(3) 居家护理员：按协议提供相应服务。

分级健康管理具体服务项目见表3-19~表3-22。

表 3-19 老人健康管理一级（轻度）服务项目表

姓名：_____ 性别：_____ 年龄：_____ 执行时间：___年___月___日 终止时间：___年___月___日

综合级别	照护项目		护理项目		医疗项目	
一级（轻度）	1. 助餐服务	协助进餐，加餐等	1. 护理查房	(1) 测量生命体征，每日1次； (2) 遵医嘱配发口服药； (3) 做好护理，巡查工作记录； (4) 适时调整护理计划，动态管理老人健康档案； (5) 护理查房每天1次，晨间护理每天1次	1. 巡诊	(1) 医生健康巡查，每日1次，指导用药； (2) 定期更新和完善老人健康档案与服务记录； (3) 开展健康宣教，指导老人健康饮食
	2. 助洁服务	协助开展床单元、个人卫生服务；按需协助洗浴	2. 基础护理	开展口腔、皮肤等护理	2. 门急诊医疗	(1) 老人病情平稳期间进行门诊口服药治疗； (2) 紧急情况实施急诊急救服务工作
	3. 身体护理	协助老人排便、皮肤清洁等服务	3. 人文关怀	(1) 与老人（家属）、团队工作人员进行定期沟通联系； (2) 做好老人的精神抚慰与关怀服务工作（必要时）	3. 转、住院医疗	必要时开展转诊、转院工作
	4. 助浴服务	按需协助洗浴			4. 健康体检	1年1次
	5. 人文关怀	开展心理关怀服务			5. 中医药治疗及康复	开展中医药治疗及养生、康复服务

个性化医疗服务（根据老人实际情况选择）：
- □ 1. 专科治疗：按需开展肠内外营养治疗
- □ 2. 营养支持：营养餐提供、营养餐指导、营养菜谱制订
- □ 3. 专科干预治疗：根据老人情况带领指导护、心理治疗、症状控制、压力性损伤治疗、内科治疗、外科治疗等服务
- □ 4. 康复治疗：根据老人情况带领团队人员定期开展专项康复训练和治疗
- □ 5. 特殊检查：按需进行健康指标检查、评估健康状况
- □ 6. 风险管理：进行预防跌倒、噎呛/误吸风险、导管滑脱脱落、危险因素（自伤、攻击行为、心理疾病）等风险管理
- □ 7. 辅助服务：根据老人特点提供所需的、可及的辅助服务

第三章 医养结合机构的服务范围

表 3-20 老人健康管理二级（中度）服务项目表

姓名：_____ 性别：_____ 年龄：_____ 执行时间：___年___月___日 终止时间：___年___月___日

综合级别	照护项目		护理项目		医疗项目	
二级（中度）	1. 助餐服务	协助进餐，加餐等	1. 护理查房	(1) 测量生命体征，每日2次； (2) 遵医嘱配发口服药； (3) 做好护理、巡查工作记录； (4) 适时调整护理计划，动态管理老人健康档案； (5) 护理查房每天2次，晨间护理每天1次	1. 巡诊	(1) 医生健康巡查，每天2次或以上，指导用药； (2) 定期更新和完善老人档案与服务记录； (3) 开展健康宣教，指导老年人健康饮食
	2. 助洁/浴服务	开展开展床单元、个人卫生服务；按需助助洗浴	2. 基础护理	开展口腔、皮肤等护理	2. 门急诊	(1) 定期门诊调整治疗用药方案； (2) 病情变化时实施急诊急救
	3. 肢体活动	协助开展康复锻炼服务	3. 人文关怀	(1) 与老人（家属）、团队工作人员行定期沟通转介（必要时）； (2) 做好老人的精神托慰与关怀服务工作（必要时）	3. 住院、转诊	(1) 视病情需要及时帮助老年人入院治疗； (2) 视病情况转上级综合或专科医院； (3) 急性期治疗完成转回本院康养； (4) 提供双向转诊绿色通道
	4. 身体护理	协助老人排便、皮肤清洁等服务	4. 康复护理	配合康复医生做好老人肢体功能训练等康复护理工作	4. 健康体检	1年1次或视情况开展
	5. 人文关怀	开展心理关怀服务	5. 专科护理	根据老人疾病类别提供专项护理	5. 中医药治疗及康复	开展中医药治疗及养生、康复服务。

个性化医疗服务（根据老人实际情况选择）：
□1. 营养治疗：按需开展肠内外营养治疗
□2. 营养支持：营养浆提供、营养餐指导、营养菜谱制订
□3. 专科治疗：专科开展安宁疗护、心理治疗、症状控制、压力性损伤治疗、内科治疗、外科治疗
□4. 康复治疗：根据老人情况带领团队人员定期开展专项康复训练状况
□5. 特殊检查：进行健康标检查、评估风险
□6. 风险管理：进行预防跌倒、噎呛（误吸风险、导管滑脱脱落、危险因素（自伤）、攻击行为、心理疾病）等风险管理
□7. 辅助服务：根据老人特点提供所需的、可及的辅助服务

29

表 3-21 老人健康管理三级（重度）服务项目表

姓名：_____ 性别：_____ 年龄：_____ 执行时间：____年____月____日 终止时间：____年____月____日

综合级别	照护项目		护理项目		医疗项目	
三级（重度）	1. 助餐服务	进餐（管喂），加餐等	1. 护理查房	（1）测量生命体征，每日2次或以上； （2）遵医嘱配发口服药； （3）做好护理，巡查工作计划； （4）适时调整护理计划； （5）护理查房每天2次或以上，晨间护理每天1次	1. 巡诊	（1）医生健康巡查，每天2次或以上，并指导用药； （2）定期更新健康档案与服务记录，动态管理老人健康档案； （3）对适宜对象开展健康宣教，指导老人健康饮食
	2. 助洁/浴服务	协助开展床单元、个人卫生服务；按需提供洗浴服务	2. 基础护理	（1）口腔护理3次/月； （2）做好管道护理，根据老人置管情况确定护理频次； （3）压力性损伤护理根据创面大小决定护理次数； （4）指导护理员做好创面保护与老人定时翻身工作（2小时/次）	2. 急诊	随时监测病情，紧急情况实施急诊抢救
	3. 肢体活动	定时开展康复锻炼服务	3. 人文关怀	（1）与老人（家属）、团队工作人员进行定期沟通联系； （2）做好老人的精神抚慰与关怀服务工作（必要时）	3. 住院、转诊	（1）病情需要时及时入住本院治疗； （2）病情变化时视情况上转综合或专科医院治疗； （3）病情稳定期转回本院继续治疗康复； （4）提供双向转诊绿色通道
	4. 身体护理	提供助便、翻身等服务	4. 康复护理	配合康复医师做好康复护理工作（必要时）	4. 健康体检	视情况开展
	5. 感知觉康复训练	根据情况开展言语与音乐良性刺激、心理关怀服务	5. 专科护理	根据老人疾病类别提供专项护理	5. 中医药治疗及康复	中医药治疗及养生、康复服务

个性化医疗服务（根据老人实际情况选择）：
□1. 营养治疗：按需开展肠内外营养治疗；
□2. 营养支持：营膳浆提供、按需开展安宁疗护服务、营养餐指导、营养菜谱制订；
□3. 专科干预治疗：根据老人病情或带领团队人员定期开展专项康复状况、症状控制、心理治疗、压力性损伤治疗、内科治疗、外科治疗等服务；
□4. 康复治疗：按需进行健康指标检查、评估进行康复状况；
□5. 特殊检查：进行预防跌倒、噎呛（误服）风险、呼吸健康、导管消脱落等健康状况；
□6. 风险管理：危险因素（自伤、攻击行为、心理疾病）等风险管理；
□7. 辅助服务：根据老人特点提供所需的、可及的辅助服务

第三章 医养结合机构的服务范围

表3-22 _____老人健康管理四级（极重度）服务项目表

姓名：_____ 性别：_____ 年龄：_____ 执行时间：___年___月___日 终止时间：___年___月___日

综合级别	照护项目	护理项目	医疗项目
四级（极重度）	1. 助餐服务：进餐（管喂、加餐等）	1. 护理查房：(1)测量生命体征，每日3次或以上；(2)遵医嘱配发口服药；(3)做好护理，巡查工作记录；(4)适时调整护理计划、动态管理老人健康档案；(5)晨间查房每天3次或以上，晨间护理每天1次。	1. 巡诊：(1)医生健康巡查，每天3次或以上，指导用药；(2)定期完善老人健康档案与服务记录；(3)对适宜对象开展个体健康宣教，指导老人健康饮食
	2. 助洁/浴服务：协助开展床单元、个人卫生服务；按需提供洗浴服务	2. 基础护理：(1)做好管道护理。根据老人置管情况定护理频次；(2)口腔护理3次/日；(3)压力性损伤换药与护理根据创面情况定护理次数；(4)指导护理员做好创面保护与老人定时翻身工作（1次/2小时）	2. 急诊：随时监测病情，紧急情况实施急诊急救
	3. 肢体活动：定时开展复锻炼服务	3. 人文关怀：(1)与老人（家属）、团队工作人员进行定期沟通联系（必要时）；(2)做好老人的精神抚慰与关怀服务（必要时）	3. 住院、转诊：(1)病情需要时及时入住本院治疗；(2)病情变化时视情上转综合或专科医院治疗；(3)病情稳定期回转本院继续治疗或开展康复；(4)提供双向转诊绿色通道；(5)提供个性化专科（安宁、临终）医疗
	4. 身体护理	4. 康复护理：配合康复医生做好老人认识、肢体、认知训练康复护理工作（必要时）	4. 健康体检：入院前、在院期间组织体检工作
	5. 感知觉康复训练	5. 专科护理：根据老人疾病类别提供专科护理	5. 中医药治疗及康复：开展中医药治疗及保健、康复服务

个性化医疗服务（根据老人实际情况选择）：
□1. 营养治疗：按需开展肠内外营养治疗
□2. 营养支持：营膳浆提供、按需餐食指导、营养菜谱制订
□3. 专科干预治疗：根据老人情况带领团队安宁疗护、心理疗护、压力性损伤治疗、心理治疗、内科治疗、外科治疗等服务
□4. 康复治疗：根据老人情况开展专项康复训练
□5. 特殊检查：进行健康指标检查、症状控制、症状开展专项康复训练状况
□6. 风险管理：进行预防跌倒、噎呛（误吸）风险、导管滑脱风险、危险因素（自杀、改击行为）等风险管理
□7. 辅助服务：根据老人特点提供所需的辅助服务

备注：依据《医养结合机构服务指南（试行）》（国卫办老龄发〔2019〕24号）制定。

五、健康管理效果评价

在实施完成一个阶段的健康管理服务后,对所服务的老人进行阶段性管理效果评价,根据评价结果,调整干预措施,进行全程管理。老人健康管理效果评价表见表3-23。

表3-23 老人健康管理效果评价表

姓名:_____ 性别:___ 年龄:_____ 民族:____ 婚姻:____ 职业:_____ 籍贯:_____
现住址:_____ 上次评估日期:_____
实施健康管理等级:_____级

类别	项目	分项	干预前情况	干预后情况	干预效果（好转 平稳 加重）	建议（调整干预计划、转服务机构）	效果评估人员签字
医疗指标	营养状况	指数评分					
	康复指标	肌力					
		言语功能					
		吞咽功能					
		心功能					
		肺功能					
		卒中情况					
	基础疾病	前三位疾病情况					
护理指标	睡眠情况	睡眠改善					
	皮肤状况	温度、颜色					
		完整性					
		压力性损伤					
	饮食与二便	食量与进食能力					
		大小便情况					
能力指标	综合能力	生活能力					
		精神状态与社会参与能力					
		感知觉与沟通能力					

综合结论: 　　　　　　　　　　　组长签字:　　　　　　年　月　日

第四章 医养结合机构的服务流程

按照收集信息、初步评估、签订协议、健康体检、综合等级评估定级、制订干预措施提供健康管理、开展效果评价、实施转诊（转介）等相关工作流程开展服务。

第一节 医养结合机构服务及转诊流程

一、医养结合机构服务及双向转诊流程

医养结合机构服务流程及双向转诊流程如图4-1、图4-2所示。

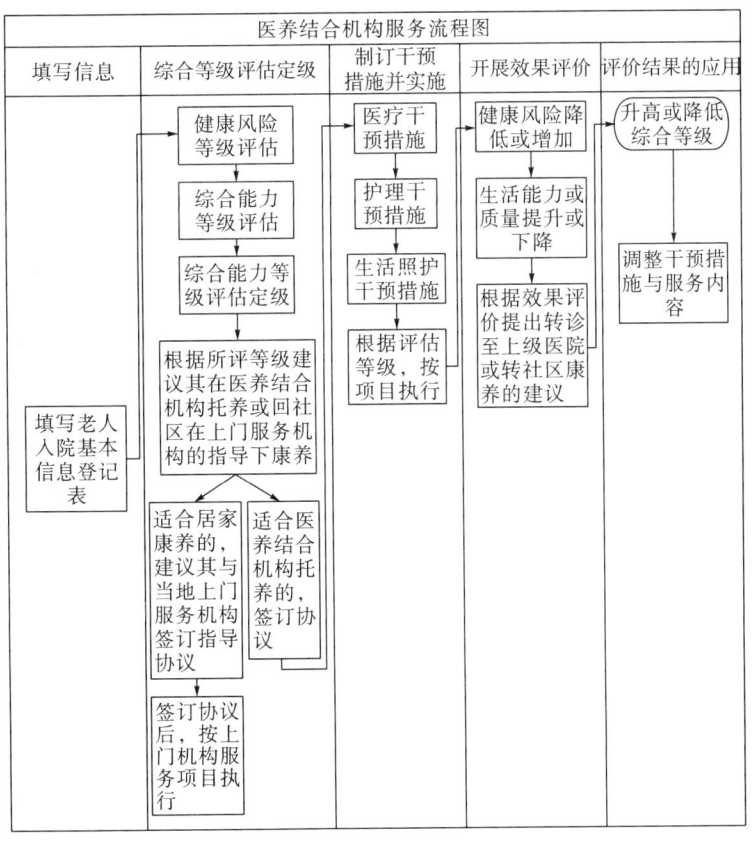

图4-1 医养结合机构服务流程

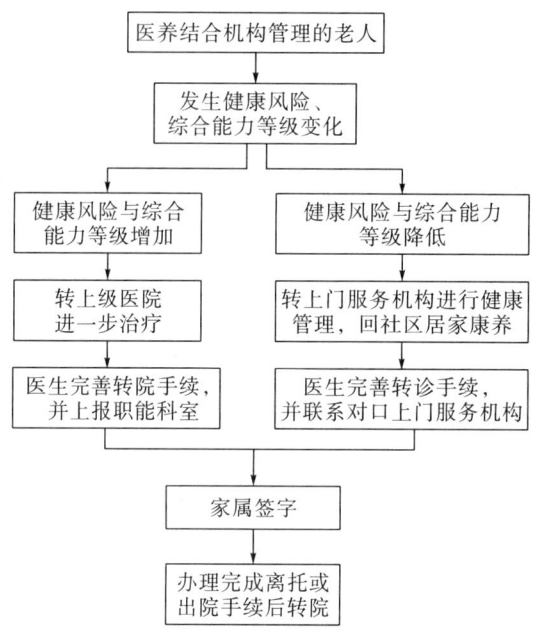

图 4-2 医养结合机构双向转诊流程

二、上门服务机构服务及双向转诊流程

上门服务机构服务及双向转诊流程如图 4-3、图 4-4 所示。

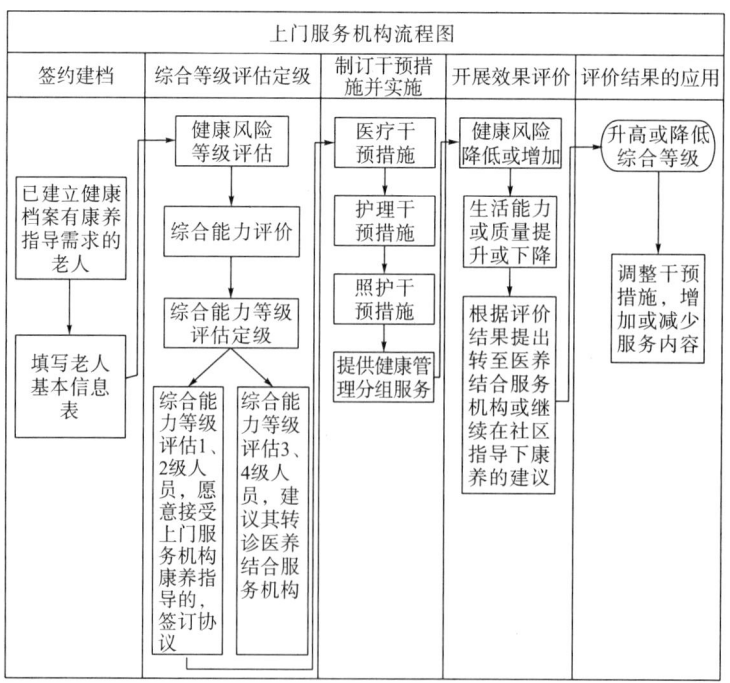

图 4-3 上门服务机构服务流程

第四章 医养结合机构的服务流程

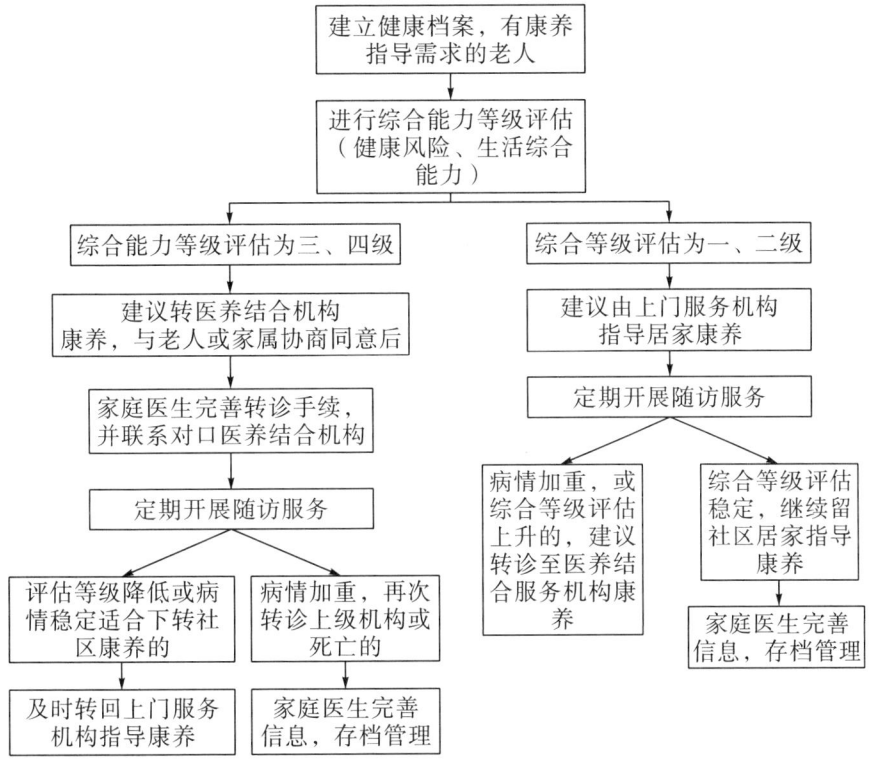

图4-4 上门服务机构双向转诊流程图

第二节 医养结合机构工作服务流程

一、入托管理

入托管理是指有医养需求的老人到指定医养结合机构接受服务。入托管理的内容如下：

（1）老人或家属到院咨询，咨询人员负责接待工作，介绍单位相关情况，根据老人情况，开展初次评估，介绍收费标准及服务项目，入托需要携带的必需品。

（2）老人确定来院后，接待处人员开具老人入住接收单至相关科室，注明老人情况、地址、联系电话、初次评估等级、收费标准。

（3）入托需要车辆接送的老人，接待责任人按单位管理规定完成车辆、人员的安排，并到指定地点接老人。院内科室责任人员根据情况安排好房间及床位。

（4）医护人员到达老人居住地，对老人进行再次评估，确定符合收托条件后，告知家属转运风险及注意事项，签订转运风险告知书，将老人接回单位。

（5）有特殊情况的，医护人员需电话通知科室人员做好需要准备的物资。

（6）到院后，由护士长安排入住床位、责任护士和护理员。健康管理医生及护士对老人开展综合能力等级评估,确定健康管理及照护等级。

(7) 根据评估结果,签订入住协议,家属按协议履行手续,单位按协议提供服务。入托管理流程如图4-5所示。

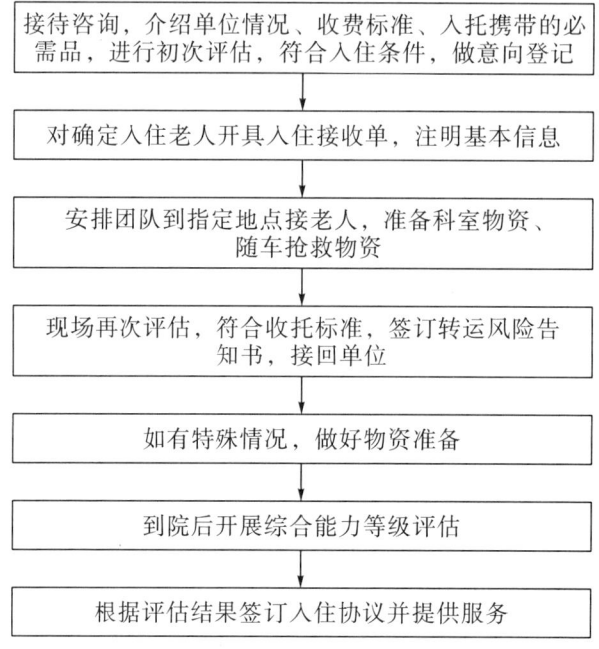

图4-5 入托管理流程

二、养老服务管理

养老服务管理的对象是签订协议后在机构接受管理的老人。养老服务管理内容如下:

(1) 老人办理入住后,当班护理员安排老人入住相应床位。

(2) 科室责任人及当班健康管理医护人员向老人做自我介绍,了解老人生活习惯、兴趣爱好。医生采集老人的病史、查体,并开具体检单进行健康体检,收集资料并建档,以便开展跟踪管理。

(3) 入住一周后对老人进行再次评估,修正评估等级,调整干预措施和服务内容,执行服务清单。

(4) 对存在高风险项目的老人,护理员应落实风险标识,健康管理医生对老人及护理员进行预防措施宣教,减少不良事件的发生。对需要住院治疗的老人,按相关程序办理入院手续。

(5) 健康管理医生定期对老人开展健康巡查,了解老人健康状况。根据老人实际情况,定期开展综合评估,随时更新档案,做好全程管理跟踪。

养老服务管理流程如图4-6所示。

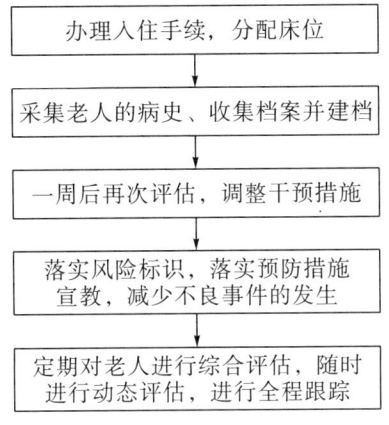

图4-6 养老服务管理流程

三、生活照护管理

生活照护管理是指对入托老人每日开展的照护工作,由护理员完成。

(一)晨间(6:00—8:00)

(1)护理员协助老人完成个人卫生,观察老人精神状态。整理床单元,视情况更换床单、被套等。

(2)完成晨间交班。健康管理护士测量老人生命体征,如需要做检查,协助老人完成标本采集并送检。

(3)准备早餐,由当班护理员协助老人进餐。餐后注意老人口腔清洁和餐具消毒保管。

(4)对需要用药的老人,选择饭后30分钟由健康管理护士协助老人遵医嘱服用。

(5)护理员根据老人身体情况合理安排老人户外活动。对生活不能自理的老人定时翻身,做好皮肤护理。定期更换衣服,保持老人穿着整洁。

晨间生活照护流程如图4-7所示。

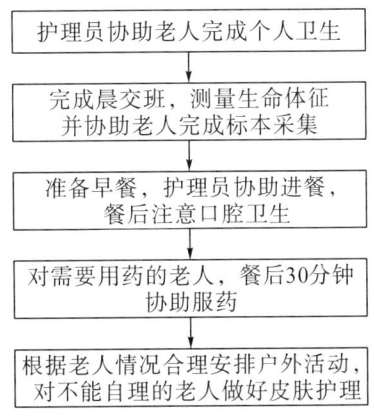

图4-7 晨间生活照护流程

(二) 日间 (9：00—19：00)

(1) 有治疗或康复需求的老人，由护理员根据医嘱或护理计划送老人到指定地点进行康复训练或完成治疗。

(2) 接待老人家属探视，并做好登记，与家属交流老人在院生活或治疗情况。

(3) 护理员为老人准备午餐，并协助用餐。

(4) 对需要用药的老人，选择饭后30分钟协助老人遵医嘱服用。安排老人午休。对生活不能自理的老人按时翻身，并注意老人情况变化。

(5) 根据情况分批次安排老人刮胡须、剪指甲、适当开展适合老人的娱乐活动。

(6) 护理员为老人准备晚餐，并协助用餐。餐后协助老人完成个人卫生。与老人进行语言交流，适当播放老人喜爱的音乐或电视节目。

日间生活照护流程如图4-8所示。

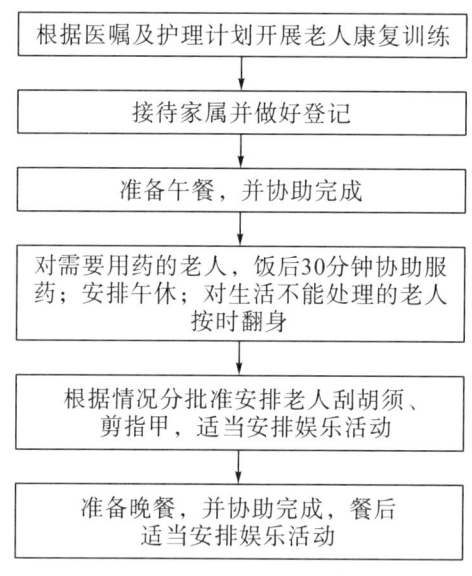

图4-8 日间生活照护流程

(三) 夜间 (19：00—6：00)

(1) 健康管理护士协助老人完成夜间服药，做好老人睡前准备，并协助老人上床休息。

(2) 完成夜间交班，有特殊的老人要详细登记并执行床旁交接。

(3) 护理员定时巡视房间，无特殊情况两小时巡视一次，有特殊情况的视具体情况，半小时或者一小时一次，与健康管理护士错峰巡视，减少巡视空挡，发现异常情况通知医生或护士。

(4) 准备早餐，并协助用餐，做好交接班记录，与白班护理员进行交接。

夜间生活照护流程如图4-9所示。

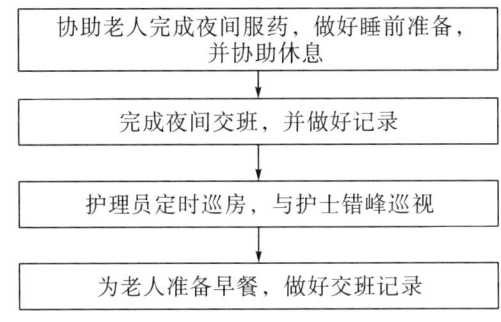

图 4-9 夜间生活照护流程

四、医护人员日常查房流程

为提高服务质量,护理部主任、医生、护士、楼层管理员及护理员,应在一定的时间内对老人及房间进行巡视、检查,以便发现问题后及时采取相应措施。护理部主任巡视时间:不定时巡视,每周至少一次,并做好记录。护士及楼层管理员巡视时间:每两小时巡视一次,并做好记录。医生巡视时间:每天至少一次,并做好记录。巡查内容主要包括:

(1)巡查老人有无需求、异常情况,并立即提供相关服务,告知健康管理医生。

(2)巡查老人房间(包括卫生间)是否打扫干净,有无明显气味,物品摆放是否整齐,空调温度是否适宜。

(3)巡查老人房间电器插销是否完好,有无漏电、短路,防止老人触电及发生火灾。

(4)巡查老人有无精神、心理异常,发现问题及时汇报,以便通知家属。刀、剪刀等利器要限制老人使用。

(5)巡查失能老人及有疾病的老人的身体状况,发现异常及时采取有效措施。

(6)巡查在院老人数量是否齐全,外出老人是否按时返回,老人(个人)一律不得外出,以防老人走失。

(7)巡查活动室、老人居室(包括卫生间)等场所有无火灾隐患,室内严禁吸烟。

医务人员日常查房流程如图 4-10 所示。

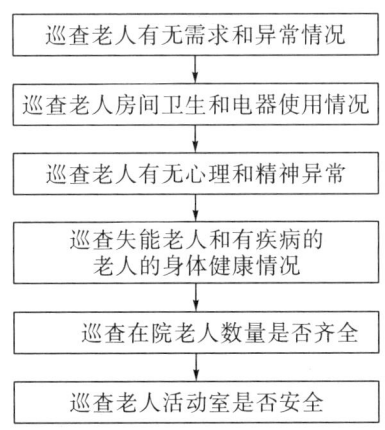

图 4-10 医护人员日常查房流程

五、健康管理

健康管理是指健康管理医生根据综合评估等级对入住老人在机构期间开展的干预措施和实施的健康管理内容,以达到减轻老人病情、防止并发症发生、提升老人生活质量的目的。

(1) 老人入住当天,由科室负责人指定老人的健康管理医生、责任护士,医护人员在床旁对老人或家属进行自我介绍,并告知健康管理相关内容和实施流程。

(2) 医护人员根据老人综合评估等级,制订健康管理干预措施和实施服务内容,建立健康档案,开展管理服务。

(3) 每周对老人开展日常巡诊和定向巡诊,随时了解老人身体情况。如遇老人病情变化,及时开展门诊或转诊、住院治疗。

(4) 定期开展多学科综合等级评估,调整干预措施和服务内容。

(5) 老人转上级医院或社区居家或离世后,健康管理医生及时完善资料并存档。

健康管理服务流程如图 4-11 所示。

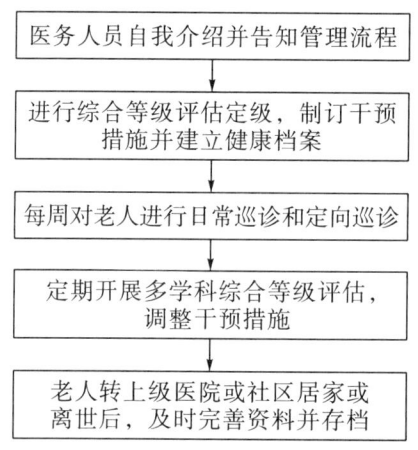

图 4-11 健康管理服务流程

六、营养支持

营养支持指入托老人经过营养师评估后,对有营养需求的老人,在征得本人或家属同意后开展营养干预措施。具体流程如下:

(1) 医护人员与营养师进行营养筛查与评估,采用营养风险筛查表(ESPEN Guidelines for Nutrition Risk Screening 2002,ESPEN NRS 2002)。

(2) 根据营养筛查结果调整干预措施。筛查结果<3 分、无营养风险的普通、特殊人群,每月复查、出院前再次进行营养状况评估,出院后营养门诊随访。筛查结果≥3 分、有营养风险的老人,主管医生对符合营养治疗适应证的患者开具营养会诊医嘱,接

到会诊单24小时内,营养医师会诊并填写会诊单,制订包括营养诊断、个体化营养治疗方案。

(3) 需要营养支持的老人,在征得本人或家属的同意后,由营养医师开具营养治疗医嘱,建立营养病历,完成相关治疗。

(4) 定期评价效果,修订干预措施,完善相关资料存档。

临床营养科工作流程(基本诊疗路径)如图4-12所示。

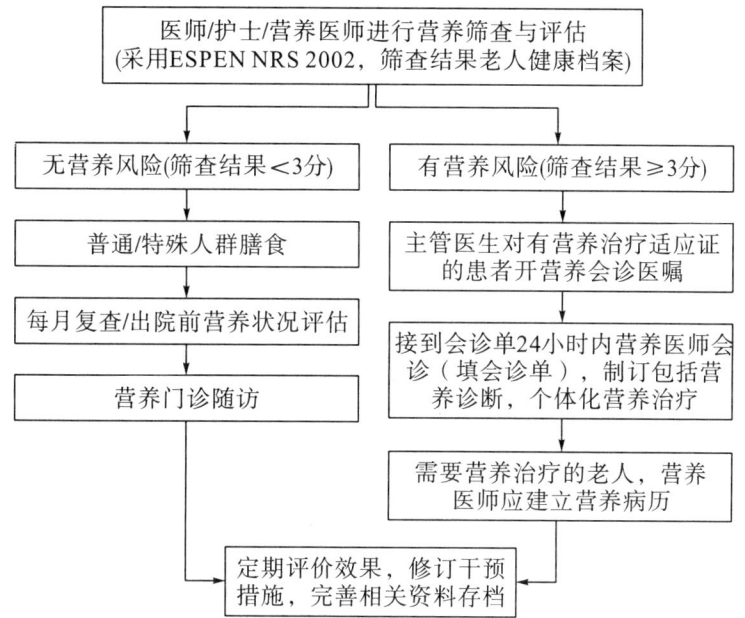

图4-12 临床营养科工作流程(基本诊疗路径)

七、医疗和护理服务

根据入托老人情况,参照综合等级评估定级,实施相应的医疗护理服务。(具体参见第三章第三节第三点提供服务项目内容)

第五章　医养结合服务的动态转换

为了厘清医养服务转换关系，做到无缝衔接，方便临床实施，拟定以下服务要求：

（1）医养结合机构应当建立医护人员、医疗护理员、养老护理员、管理人员及相关协助人员联动工作机制。

（2）医养结合机构应当明确提供"医""养"服务的具体指征。如果老年人身体健康状况比较稳定，需要侧重"养"的服务，则应该为老年人提供日常住养服务。如果老年人身体健康状况需要侧重"医"的服务，则应该为老年人提供住院医疗服务。

（3）医养结合机构应当根据老年人日常住养和住院医疗两种不同的需求，明确各自的管理路径，建立信息系统，确保"医""养"互换时信息准确并及时更新。

（4）医养结合机构可建立老人健康信息管理系统，有条件的机构还可以建立预约诊疗系统、分级诊疗系统、远程医疗系统等互联共享老人健康信息，实现老年人健康资料的信息化管理。

（5）医养结合机构中的医疗机构如同时对机构外人群提供服务，应当设立老年人就医绿色通道，提供挂号、就医、收费、取药等便利服务，并落实老年医疗服务相关优待政策。

（6）厘清医养边界，"医"为预防保健、疾病诊治、医疗护理、医疗康复、安宁疗护等，"养"为生活照料、精神慰藉及综合服务等。

第一节　养转医服务衔接

一、住院流程

住院流程是指在养老区托养的老人生病住院的流程。

（1）诊疗方式确定：当医护人员巡查发现或护理员发现老人身体健康状况发生变化，应立即报告健康管理医生，健康管理医生床旁进行问诊和查体，符合住院指征者，开具入院证，转入医院住院病区进行检查治疗。

（2）手续办理：老人家属授权委托代理人到当班健康管理护士处领取医疗备用金，为老人代办挂号与入院手续（如果情况紧急，应先将老人转至医院住院病区进行救治，后办理相关医疗手续）。

（3）治疗安排与联系家属：责任医生为老人开医嘱，安排相关辅助检查，依据检查报告制订治疗计划,安排治疗工作(如情况紧急应当依据临床诊断,同步安排治疗与辅助检查),同时进行病历书写。在诊疗活动结束当天以电话、短消息或者微信方式告知老人家属。

(4)工作及相关资料交接:养老区护理人员与住院病区当班护士进行老人健康档案、口服药等相关资料与物品的交接,由病区医护人员、照护人员完成老人住院期间医疗与生活照料服务工作。

医养结合机构养转医住院流程如图5-1所示。

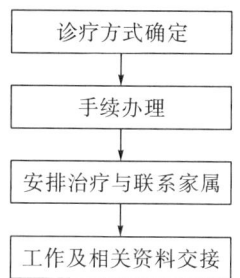

图5-1 医养结合机构养转医住院流程

二、转院

转院是指入托老人患病超出本院救治范围,需转诊到上级医院诊疗。

(1)转诊判断:老人在入托养老期间突发疾病,巡查人员发现后,立即报告健康管理医生,医生进行初步检查(结合单位实际)并开具相应检查单,对老人病情进行综合判断,如病情严重超出本院治疗能力时,需转入上级医院治疗,当班护理人员立即建立静脉通道、并根据医嘱开展院前急救工作,同时拨打"120"急救电话,完成急救病历书写,在协议约定时间内通知老人委托代理人或家属。

(2)手续办理:在"120"急救医护人员到达之前,填写双向转诊单;急救人员到达后对老人情况进行交接,按与老人入托时签订的服务协议完成转诊和结账的配合工作。

医养结合机构老人转院流程如图5-2所示。

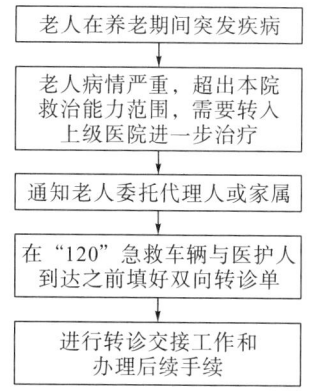

图5-2 医养结合机构老人转院流程

第二节 医转养服务衔接

一、院内医转养服务衔接

院内医转养服务衔接指入托老人生病在院内住院治疗，病情稳定符合出院指征后需转回养老区进行康养。

（1）老人经治疗病情好转，各项指标达到出院标准，经治医生告知患者及家属出院，由责任护士协助办理相关手续。

（2）办公护士核对患者住院费用，到药房取好出院带药，通知护理员转运患者出院。

（3）当班护士陪同出院患者转至养老区，并与健康管理医生交接健康管理资料及交代注意事项。养老区护理员做好养老床位清理和安置。

（4）养老区护士长保管好老人出院相关资料与缴费原始票据，作为老人家属确认和补齐费用的凭证，票据复印件由护士长与财务对账，作为财务科记账的凭证。

（5）患者出院后14天内进行病情随访。

医养结合机构院内医转养流程见图5-3。

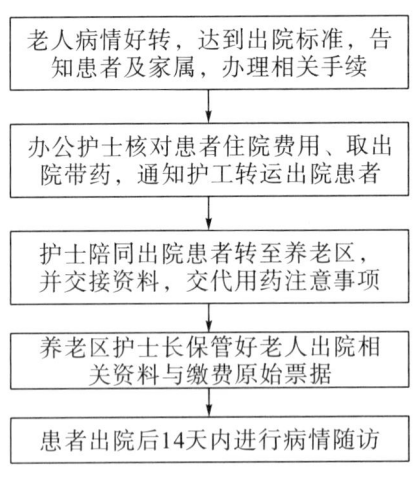

图5-3 医养结合机构院内医转养流程

二、外院医转养服务衔接

外院医转养服务衔接指入托老人生病转到外院治疗，病情稳定符合出院指征需转回原机构养老区进行康养。

（1）经上级医院治疗，病情趋于平稳、有后期康复及照护需求的老人经家属联系或双向转诊前来本单位进行康养。

(2) 接到通知后当班护士按程序上报，做好接待登记，安排医护人员接诊老人。

(3) 根据老人病情备好相关抢救药品，安排护工协助转运。

(4) 接诊医生到达指定医院后，对需接诊老人进行综合评估。确定老人健康情况符合机构接收条件，则向老人家属交代注意事项，转院途中风险，详细填写转诊单并登记。在家属签署转诊知情同意书后，随同救护车转运老人到达机构。

(5) 院内人员做好床单元安置、入托协议、入院手续等接待的相关准备。

(6) 到院后，家属在责任护士的引导下办理入托或入院相关手续。医养结合机构外院老人医转养流程见图5-4。

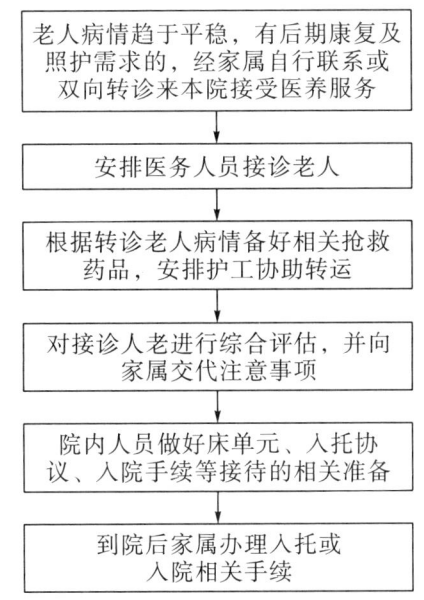

图5-4 医养结合服务机构外院老人医转养流程

三、住院老人离世管理

住院老人离世指入托老人因病或因其他原因去世。住院老人离世管理流程如下：

(1) 老人因各种原因进入临终阶段，应立即通知老人亲属到场沟通和临终见面。在老人生命体征消失后，经治医生通知家属老人临床死亡，全停医嘱并打印，开具死亡证明，提供殡仪馆联系方式。

(2) 当班医生按规定及时完善抢救记录，并开具出院病情证明书交至护士站。

(3) 办公护士核对老人住院费用，与殡仪馆工作人员做好遗体交接，并交付死亡证明第四联与对方。

(4) 遗体交接后，及时完成床单位终末消毒，注销各种卡片。

(5) 家属来院办理手续时，办公护士携带出院病情证明书陪同家属办理出院手续，并将死亡证明第二、第三联交给家属。

（6）医生按规范完成死亡病例讨论及病历书写。

住院老人离世管理流程如图5-5所示。

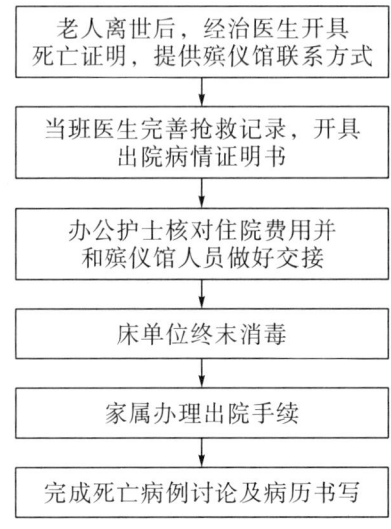

图5-5 住院老人离世管理流程

第六章 安宁疗护

第一节 定义及目的

一、定义

安宁疗护又称姑息治疗、舒缓治疗，是针对有严重疾患、特别是接近生命终末期所有年龄段的患者，开展积极的、个体化、全人的医疗照护行为。建立"以疼痛控制、舒适照护为基础，家属参与、社会支持、多学科协作支撑，以提高生活生存质量为目标"的综合服务模式。

二、目的

为患有严重慢性疾病的早、中期患者提供身体、心理、精神等方面的照护和人文关怀。为患严重疾病的终末期患者控制痛苦和不适症状，提高生存生活质量，帮助患者舒适、安详、有尊严地离世；同时对其家属给予社会心理支持，提供善别服务，帮助其平安地度过哀伤期，帮助他们能够在尽量短的时间内重新回归社会。

第二节 意义及宗旨

一、意义

安宁疗护是人口老龄化自身特点所需要。人口老龄化是当今社会具有的世界性和普遍性问题，也是社会进步和社会发展的必然趋势。日趋增多的老年人口，成为慢性非传染性疾病的高发人群。

安宁疗护是社会发展与文明进步的需要。安宁疗护是对死亡过程的科学化人工调节，是一种文明死亡。安宁疗护提供的终末期老人照顾，是社会文明的标志，反映了社会文化的时代特征，真正体现了人道主义，显示了生命的尊严和价值。

二、宗旨

（1）全人照顾：身心灵完整医治照顾。
（2）全家照顾：关心家属的身心灵需求。
（3）全程照顾：陪伴患者到生命最后一刻，也帮助家属度过之后的哀伤期。
（4）全队照顾：结合医疗、护理、营养、心理、社工、志愿者等人员共同照顾临终患者以及家属。
（5）全社区照顾：安宁疗护团队结合社区照顾系统。

第三节 服务对象

一、初、中期安宁疗护对象

初、中期安宁疗护对象包括持续慢性疼痛1年以上或者肢体功能活动受限者；生活不能自理，如偏瘫、全瘫患者。

二、终末期安宁疗护对象

终末期安宁疗护对象包括：
（1）凡诊断明确且病情不断恶化，现代医学不能治愈，属不可逆转的慢性疾病终末期，预期存活期小于6个月者。
（2）晚期、终末期癌症临终患者。
（3）脑卒中偏瘫并发症危及生命患者。
（4）高龄（≥80岁）老衰临终者，4个以上重要器官持续衰竭，卧床1年以上的丧失生活自理能力的高龄临终患者。
（5）严重心肺疾病失代偿期临终患者。
（6）多脏器衰竭病情危重者。
（7）其他处于濒死状态者。

第四节 服务内容

建立"以疼痛控制、舒适照护为基础，家属参与、社会支持、多学科协作为支撑，以提高生存生活质量为目标"的综合服务模式，分初、中、末三期为安宁疗护患者及家属提供服务。

一、初期

对需要安宁疗护的患者进行首次评估时,应根据情况组织多学科参与的团队进行疼痛、营养、跌倒/坠床、生活自理能力等评估,筛查干预的对象。对初期的患者以心理干预为主,注重患者的心理变化,为其提供适合的身心灵服务。

二、中期

对经过初期干预的患者,再次进行评估,调整干预措施。以舒适照护为主,提前开展对患者和家属的死亡教育及相关的健康教育,让其能坦然面对,积极配合和支持。

三、末期

对实现干预转归(症状减轻、康复)的患者,再次评估,制订延伸干预方案。以症状控制、舒适照护为主,结合病情需要,组织多科室、社会组织、家庭成员参与,进行多元化互助,努力减轻痛苦,提升其生活质量。与临终患者和家属建立良好的沟通关系,让患者及家属坦然地讨论生命和死亡的意义。

对失去亲人的家属,协助他们完成哀悼,对悲伤反应过度或过久的人进行哀伤辅导,帮助其平安顺利地度过哀伤期,重新回归社会。安宁疗护服务流程见图6-1。

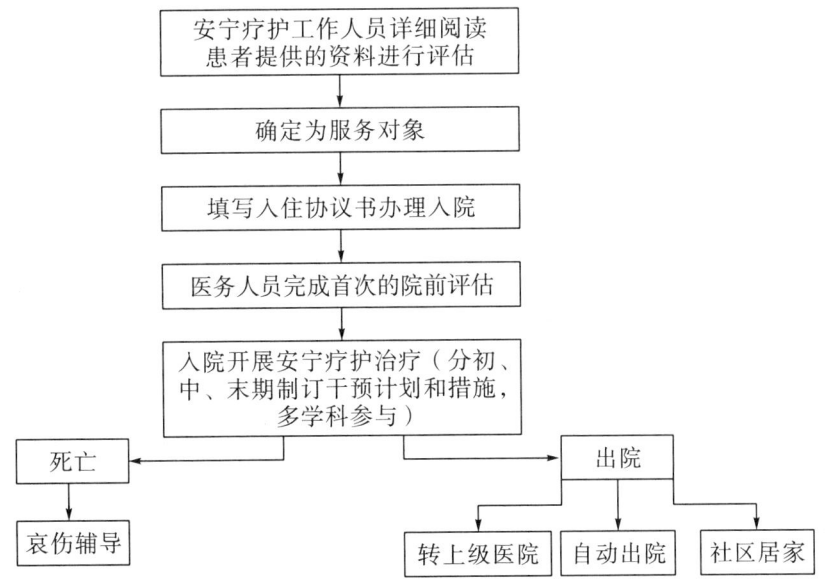

图6-1 安宁疗护服务流程

第七章　长期照护保险的管理

按照保险基本原则，长期照护保险重点保障符合待遇享受条件的失能人员的基本生活照料和与基本生活密切相关的日常护理。根据失能等级和服务类型不同，为失能人员提供可自主选择的个性化菜单式服务。坚持专业化、标准化、规范化、精细化的方向，引导照护服务行业良性发展。（参考《四川省医疗保障局、四川省财政厅、国家税务总局四川省税务局关于省本级基本医疗保险参保人员参加成都市长期护理保险制度试点的通知》《成都市医疗保障局关于印发城镇职工长期照护保险服务项目和支付标准的通知》《成都市医疗保障局关于印发城乡居民长期照护保险服务项目和支付标准的通知》相关文件制定）

备注：各机构在开展此项工作时，参照所在地相关政策进行。

第一节　申请流程

一、机构申请定点流程

（一）申请条件

依法取得《医疗机构执业许可证》《组织机构代码证》或《营业执照》的各级各类医疗机构；信息系统能够满足基本医疗保险管理要求的医疗机构。

（二）申请资料

《基本医疗保险定点医疗机构申请书》《医疗机构执业许可证》和《组织机构代码证》或《营业执照》；医疗机构等级证明材料（若无等级则无须提供）；主要医疗设备清单；服务能力介绍资料。

（三）申请流程

申请单位备齐规定资料到所在地社保局提出申请；社保工作人员受理申请，并对资料进行审核；社保机构组织医保经办机构对申报的医疗机构进行现场考核。按照规定原则和现场考核情况，确定基本医疗保险定点医疗机构名单；申请单位到所在地人力资源和社会保障局窗口领取办理结果；医保经办机构与取得定点资格的医疗机构签订服务协议并联网。

二、失能人员申请失能评定

(一) 待遇享受条件

(1) 参保人员因年老、疾病、伤残等导致失能，经过治疗不能康复，丧失生活自理能力持续 6 个月以上，提出失能评定申请，经失能评定符合长期护理保险待遇保障范围。

(2) 参保人员申请长期护理保险待遇时，应连续参加职工长期护理保险 2 年（含）以上且累计缴费满 15 年。

(二) 申请对象及所提交资料

(1) 申请对象：参加省本级职工基本医疗保险的参保人员；本市行政区域内各类企业、民办非企业、国家机关、事业单位等城镇职工基本医疗保险单位参保人员；个体工商户、自由职业者、灵活就业人员等城镇职工基本医疗保险个体参保人员。

(2) 提交材料：需提交申请人身份证原件和复印件、病情诊断证明、医学检查报告、入出院记录等完整病历材料的原件或复印件，以及评定委员会规定的其他材料。

(3) 申请人委托代理人（应为申请人的法定监护人或直系亲属）：提供与申请人关系证明原件和委托书原件。

(4) 申请失智所致失能评定：需提交三级综合性医院或二级及以上精神专科医院出具的 24 个月以内门诊病情证明书和（或）出院证明书。

(三) 申请流程

申请流程包括：失能人员或其家属提交评定申请和相关资料；失能评定条件审核；评估人员采集评估信息；失能评定信息系统生成评定结果；评定结果公示；评定结论送达。

第二节 服务方式

失能人员或监护人员可自主选择服务类型，包括协议照护机构提供机构照护服务、协议照护机构提供居家上门照护服务、个体服务人员提供居家照护服务＋协议照护机构提供的社会支持类上门服务。长期照护保险服务模式见图 7-1。

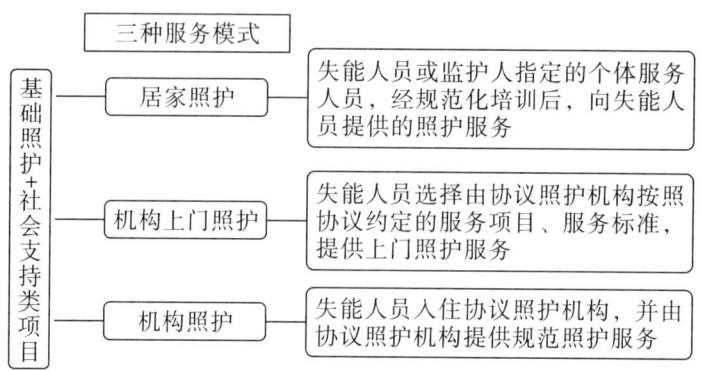

图 7-1 长期照护保险服务模式

第三节 保障范围

参保人员经失能评定为重度失能一级、重度失能二级、重度失能三级的（图7-2），按规定享受长期照护保险待遇。

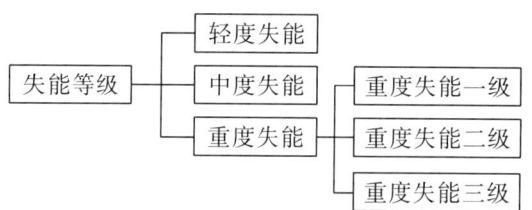

图 7-2 参保人员失能评定

第四节 服务项目

经评定为重度失能一级、重度失能二级、重度失能三级的参保人员，享受对应的分级照护服务。基础照护服务项目及分级照护服务标准见表7-1，社会支持类照护服务项目及分级照护服务标准见表7-2。

分级照护服务标准：重度失能一级省本级职工、城镇职工可选9项，城乡居民可选7项；重度失能二级省本级职工、城镇职工可选12项，城乡居民可选10项；重度失能人员三级省本级职工、城镇职工可选15项，城乡居民可选13项。

表7-1 基础照护服务项目及分级照护服务标准（省本级职工、城镇职工、城乡居民）

分类	编号	服务项目	服务内容	频次
生活照料	1	洗脸、洗手、洗脚	帮助清洁面部、手部和足部	4次/月
	2	剃须、修剪指(趾)甲	①男性剃须；②根据病情、意识、生活自理能力以及个人卫生习惯，选择合适的工具对指(趾)甲适时进行修剪	2次/月
	3	洗头	根据自理能力选择适宜洗头方式去除头发异味，吹干头发，梳理整齐。	4次/月
	4	口腔清洁	根据自理能力，选择口腔清洁方式（自行刷牙、漱口、棉棒/棉球擦拭）	4次/月
	5	会阴清洁	帮助服务对象清洁或冲洗会阴	4次/月
	6	协助进食（水）及指导	指导正确的进食（水）方式，必要时协助	2次/月
	7	整理更衣指导	指导正确的穿脱衣裤方式，需要时根据自理能力协助（帮助）穿脱衣裤	2次/月
	8	整理更换床单元	整理床单元保持平整，无渣屑；更换床单、被套、枕套	2次/月
非治疗性照护	9	协助有效咯痰	指导正确的咳嗽方法，应用正确的拍背手法，正确的拍背顺序，促进痰液排出	2次/月
	10	吸氧	协助吸氧，指导调节氧流量	必要时
	11	协助用药	①助口服用药，发现异常情况及时告知；②协助使用外用药（眼药滴剂、皮肤擦剂、开塞露、直肠栓剂等）	2次/月
	12	协助如厕指导	指导正确的如厕方式，需要时根据自理能力协助床上/床边使用便器、需要时使用辅助工具移动至卫生间如厕	2次/月
风险防范	13	预防压疮指导	①易发生压疮的服务对象采取定时翻身，气垫减压等方法预防压疮的发生；②为服务对象提供心理支持及预防压疮护理的健康指导	2次/月
	14	预防跌倒、坠床、烫伤指导	①做好跌倒、坠床、烫伤等意外的防护，对服务对象或其家属进行安全方面的指导；②选择合适的安全保护用具	2次/月
功能维护	15	协助换乘轮椅及平车，户外活动	指导及协助使用辅助用具室内、户外活动	2次/月
	16	生活自理能力训练	训练进食方法，个人卫生，穿脱衣服鞋袜、床椅转移等日常生活自理能力	2次/月

社会支持类服务项目及分级照护服务标准：重度失能一级可选3项（D类项目1项），重度失能二级可选4项（D类项目1项），重度失能人员三级可选5项（D类项目2项）。

表7-2 社会支持类服务项目及分级照护服务标准（省本级职工、城镇职工）

分类	编号	服务项目	服务内容	服务频次	执行人
生活照料	1	洗澡（D）	根据自理能力及皮肤完整性选择适宜的全身清洁方式（淋浴、盆浴、坐浴、床上擦浴等）	2次/月	护理员
	2	理发	修剪头发，保持整洁舒适	1次/月	护理员
	3	修脚	修脚及处理足胼胝（包括耗材：一次性刀片、药水）	1次/月	护理员

续表7-2

分类	编号	服务项目	服务内容	服务频次	执行人
非治疗性照护	4	排泄护理及指导	①便秘患者给予人工取便；②造瘘术后提供更换人工肛门便袋护理（包括部分耗材：消毒液、便签、一次性PVC手套；不包括耗材：造瘘袋、造瘘底盘）	必要时	护理员
	5	鼻饲照护及指导	需要时从胃管内灌注适宜的流质食物、水分和药物，给予相应指导（包括耗材：50ml注射器）	2次/月	护理员
	6	留置导管照护及指导	保持尿管通畅、定期更换尿袋，保持尿道口清洁，留置尿管期间，妥善固定尿管及尿袋（包括耗材：消毒液、棉球、尿袋）	2次/月	护理员
	7	胃肠尿管照护及指导	保持胃管通畅、及时倾倒引流液、及时更换胃肠减压装置（包括耗材：胃肠减压盒、一次性PVC手套）	2次/月	护理员
非治疗性照护	8	监测血糖	监测血糖并记录（包括耗材：血糖试纸、棉签、酒精）	2次/月	护理员
	9	监测生命体征	监测体温、脉搏、呼吸、血压并记录	2次/月	护理员
	10	家用无创呼吸机的使用指导	指导并协助佩戴无创呼吸机	2次/月	护理员
	11	物理降温	高热者温水擦浴	必要时	护理员
风险防范	12	预防噎食、误吸，吞咽障碍饮食指导（D）	①对有吞咽障碍的服务对象在选择进食（水）环境，进食（水）器具、分餐事物、进食（水）方法上给予指导；②对服务对象及家属进行进食（水）安全教育，提高自我防范意识；③教会噎呛、误吸、窒息的应急处理方法	2次/月	护理员
功能维护	13	辅助器具使用指导	根据服务对象的病情和自理能力，协助选择和使用手杖、助行器、轮椅、平车等不同的移动工具，指导使用方法、注意事项及安全教育	2次/月	护理员
	14	功能维护训练	良肢位摆放、翻身训练、关节被动训练、认知功能训练	2次/月	护理员
专业护理	15	安置尿管（导尿术）	在严格无菌操作下，用导尿管经尿道插入膀胱引流尿液（包括耗材：导尿包）	2次/月	护士
	16	气管切开护理（D）	对已切开的颈段气管进行护理及指导（包括部分耗材：口护包、纱布、棉签、消毒液、一次性PVC手套，不包括吸痰管、灭菌注射水）	2次/月	护士
	17	安置胃管	将导管经鼻腔插入胃内，从管内灌注流质食物、水分和药物（包括耗材：胃管、纱布、石蜡油、50ml注射器）	2次/月	护士
	18	灌肠	灌肠是用导管从肛门经直肠插入结肠灌注液体，能够刺激肠蠕动，软化清除粪便，达到通便排气的治疗方法（包括耗材：灌肠包）	必要时	护士
	19	特殊皮肤护理	皮肤水肿、瘙痒，失禁性皮炎，Ⅰ期、Ⅱ压疮的清洁、护理（不包括耗材：药物、敷贴、造口袋）	2次/月	护士
	20	健康教育及精神慰藉指导	①根据需求给予日常生活指导；②根据病情及需求，给予相应疾病的健康指导；③根据需求给予精神慰藉，陪同聊天，心理疏导	1次/月	护士

注：D类项目为耗时长、风险高、难度大的项目。

第五节 待遇标准

经失能评定符合长期照护保险支付条件的轻、中、重度失能人员，从评定结论下达的次月起享受长期照护保险待遇。

一、省、市职工长期照护保险

基础照护待遇：经失能评定符合享受长期照护保险待遇支付条件的失能人员，选择由协议照护机构提供机构照护服务、协议照护机构提供居家上门照护服务或个体服务人员提供的居家照护服务的，按规定享受城镇职工长期照护保险基础照护待遇。其基础照护待遇，以失能等级对应的月照护基准费用为基数，按照75%的比例进行支付。

二、城乡居民长期照护保险基础照护待遇

经失能评定符合享受城乡居民长期照护保险待遇支付条件的失能参保人员，其基础照护待遇，以失能等级对应的城乡居民月照护费用为基数，按照60%的比例实行定额支付。

第六节 服务价格

医养结合机构除给失能人员提供长期照护保险覆盖的服务项目，也可根据自身机构定位及照护能力制订本机构的自费服务项目及价格供失能人员（家属）选择。

第八章 常见老年疾病的管理

本章根据我国社会人口老龄化和老年人慢性病发生情况，结合实际，提出常见老年疾病的管理措施，并对其诊断、治疗、康复、护理、预防干预等综合医养服务内容进行全方位的论述。

第一节 原发性高血压

一、概述

高血压是指血液在血管中流动时对血管壁造成的压力高于正常的血压值。其早期可以无明显的症状，如果个体出现头痛、头晕、耳鸣、眼花、失眠，要注意监测血压的变化。我国的高血压患病率呈上升趋势，高血压调查的数据显示，2012—2015年我国成人高血压患病率为23.2%。同时，随着我国人口老龄化，高血压、冠心病、心力衰竭患病率均呈现出递增趋势，高血压引起的脑出血、脑梗死后遗症致残率及致死率很高，治愈率低。早期发现、早期预防、早期诊断，可阻止病情发展，减少致残率。因此，提高医养结合综合评估、综合服务与治疗老年慢性高血压疾病的能力，对于医养结合的临床意义深远。

原发性高血压发病与多种因素有关，常与遗传因素、年龄、不良生活方式等关系密切，其中70%~80%高血压的发生与长期不健康的生活方式、工作环境、精神压力及其他因素等有关。

二、临床表现

早期可无症状，或有头痛、头晕、耳鸣、眼花、失眠、乏力及注意力不集中，晚期常出现脑、心、肾结构受损及功能障碍。高血压引起的脑、心、肾的并发症主要包括以下几种。

（1）脑部表现：一过性脑缺血发作，脑血管痉挛或血栓形成，患者产生头痛、失语、失明、肢体活动障碍甚至偏瘫。

（2）高血压脑病：指血压突然增高，脑循环发生急剧障碍，导致脑水肿，患者出现剧烈头痛、烦躁、呕吐、视力模糊、抽搐、昏迷，病情危重时可造成不可逆的脑损伤。

（3）脑出血：发生在长期高血压脑病血管病变的基础上，血压骤升致脑微小动脉瘤破裂出血，患者出现乏力、头痛、恶心、呕吐、迅速抽搐、昏迷、偏瘫、失语、大小便失禁、呼吸深、有鼾声等临床表现。

（4）脑血栓形成：在脑动脉硬化基础上，血栓形成引起缺血性脑病，患者出现肢体麻木、偏瘫、失语，但多数意识清楚。

（5）心脏表现：高血压心脏病。长期高血压可引起左心室增大，若伴有左心衰或全心衰竭，可诊断为高血压心脏病。

（6）肾脏表现：长期高血压致肾小动脉硬化，肾功能减退，早期表现为夜尿、多尿、蛋白尿，晚期表现为氮质血症和尿毒症。也有患者短期内出现心力衰竭或高血压脑病。

三、综合评估

（一）医疗风险评估

根据血压升高的水平，可对高血压进行分级，并进一步从指导治疗和判断预后的角度，对高血压患者进行心血管危险分层及医疗风险定级。高血压分级及高血压患者心血管危险分层见表8-1、表8-2。

表8-1 高血压分级　　　　　　　　　　（单位：mmHg）

分类	收缩压（高压）	舒张压（低压）
正常血压	<120	<80
正常高值血压	120~139	80~89
高血压	≥140	≥90
1级（轻度）	140~159	90~99
2级（中度）	160~179	100~109
3级（重度）	≥180	≥110

表8-2 高血压患者心血管危险分层标准

危险因素	血压水平		
	1级	2级	3级
无其他危险因素	低	中	高
1~2个危险因素	中	中	很高危
≥3个危险因素，或糖尿病，或靶器官损害	高	高	很高危
有并发症	很高危	很高危	很高危

医疗风险定级：

患者存在高血压1、2级无并发症或伴有一或两种其他病症，医疗风险评定为1、2级；高血压2、3级，有一种及以上并发症、合并症者，医疗风险评定为3、4级。

患者存在高血压伴有左室肥厚；高血压伴有冠心病/心肌梗死伴心力衰竭；高血压合并糖尿病，合并高脂血症；高血压合并肾脏病变；高血压伴哮喘/慢性支气管炎/肺水肿/肺部感染；高血压伴脑血管病，如脑出血、短暂性脑缺血发作；或高血压长期得不到控制，合并主动脉夹层出现严重的胸痛，或主动脉夹层破裂直接危及生命；高血压长期存在引起老人出现记忆、理解力下降，表现为阿尔茨海默病；高血压伴有消化道溃疡、消化道出血，有以上症状及并发症则其医疗风险评定为3、4级。

（二）高血压脑卒中的早期识别

可以通过"FAST"四项标准进行快速病情评估：
(1) F (face)，面部对称：尝试微笑，如果一侧面部不能微笑，提示面瘫。
(2) A (arm)，手臂乏力：双手平举，如果一侧肢体无力，提示脑缺血影响肢体运动功能。
(3) S (speech)，语言障碍：说话时吐字不清、表达困难，提示语言障碍。
(4) T (time)，尽快就医：如果高血压出现上述表现，应高度怀疑脑卒中，应立即去医院就诊。

（三）护理风险评估、健康风险定级、综合能力评估与综合等级评定

参照第三章第三节第三点相关评估表内容。

四、实施医养结合服务

依据评估等级，按服务项目与频次提供分级医养服务。

（一）医养结合机构

1. 医疗服务

根据危险因素在入院时对老人进行全面的基础医疗评估服务。
(1) 常规的体格检查：血、尿、便常规，肝、肾功能，血脂、血糖，胸部X线摄影、心电图检查，建立档案并实施健康管理服务。
(2) 有高血压、糖尿病的患者，在特殊门诊有规律地服用口服药治疗、随诊治疗。
(3) 根据疾病危险因素，综合心理、环境、社会与家庭因素给予适当心理支持服务。
(4) 发生高血压脑梗死、脑出血后患者病情不稳定时，根据患者病情变化及家属意见，转上级医院或收住院后给予系统的诊疗服务，在养老区观察或在本机构住院治疗。同时合并恶性肿瘤或处于疾病晚期、生存时间短的患者，经过反复评估及与家属沟通，要求安宁疗护服务者，进入安宁疗护流程。

(5) 规范治疗：①长期坚持在医生指导下规范治疗与规律服药；②一般治疗，使用长效降压药物，力求有效控制 24 小时血压；③吸氧，改善症状，在降压药物的基础上，若病情不稳定再加用一种降压药（ACEI 或者 ARB），仍然从小剂量开始逐步加量。

常用降压药物包括五种：钙离子通道阻滞剂（CCB）、血管紧张素转化酶抑制剂（ACEI）、血管紧张素受体阻滞剂（ARB）、利尿剂、β受体阻滞剂等。

(6) 其他治疗：调脂、抗血小板、控制血糖、抗心律失常治疗。

2. 中医药治疗

本病中医名为眩晕，常见病理因素有风、火、痰、瘀四种。

通过中医辨证可以将本病分为以下几种证型开展治疗。

(1) 肝阳上亢证。

主要表现：眩晕，耳鸣，头目胀痛，口苦，失眠多梦，遇烦劳郁怒加重，甚则扑倒，颜面潮红，急躁易怒，肢麻震颤，舌红苔黄，脉弦或数。

证机概要：肝阳风火，上扰清窍。

治法：平肝潜阳，清热息风。

代表方：天麻钩藤饮。

(2) 气血亏虚证。

主要表现：眩晕动则加剧，劳累即发，面色㿠白，神疲乏力，倦怠懒言，唇甲不华，发色不泽，心悸少寐，纳少腹胀，舌淡苔薄白，脉细弱。

证机概要：气血亏虚，清阳不升，脑失所养。

治法：补益气血，调养心脾。

代表方：归脾汤。

(3) 肾精不足证。

主要表现：眩晕日久不愈，精神萎靡，腰酸膝软，少寐多梦，健忘，两目干涩，视力减退，或遗精滑泄，耳鸣齿摇，或颧红咽干，五心烦热，舌红少苔，脉细数，或面色㿠白，形寒肢冷，舌淡嫩，苔白，脉弱尺甚。

证机概要：肾精不足，髓海空虚，脑失所养。

治法：滋养肝肾，益精填髓。

代表方：左归丸。

(4) 痰湿中阻证。

主要表现：眩晕，头重昏蒙，或伴视物旋转，胸闷恶心，呕吐痰涎，食少多寐，舌苔白腻，脉濡滑。

证机概要：痰浊中阻，上蒙清窍，清阳不升。

治法：化痰祛湿，健脾和胃。

代表方：半夏白术天麻汤。

(5) 瘀血阻窍证。

主要表现：眩晕，头痛，兼见健忘，失眠，心悸，精神不振，耳鸣耳聋，面唇紫暗，舌暗有瘀斑，脉涩或细涩。

证机概要：瘀血阻络，气血不畅，脑失所养。
治法：祛瘀生新，活血通窍。
代表方：通窍活血汤。

3. 急性期护理、生活照护与支持服务

（1）急性期相关护理服务措施。

1）常见护理诊断：

①疼痛：头痛、头晕、脑血管痉挛有关。

②活动无耐力：并发心力衰竭有关。

③潜在并发症：高血压危象。

④健康知识缺乏：缺乏高血压疾病相关知识。

2）护理措施：

①保持病室安静，光线柔和，减少探视，护理人员动作轻柔，防止过多的干扰。

②提供保护性护理，教会患者缓慢改变体位，避免跌倒、坠床等。

③劳逸结合，保证充足的睡眠。对失眠或精神紧张者，在进行心理护理时遵医嘱给予镇静剂。

④指导患者规范测量和记录血压。

⑤应用降压药物后，应指导患者避免体位突然改变、洗热水澡，下床活动时最好穿弹力袜，站立时间不宜过久。发生头晕时立即平卧取头低足高位增加回心血量和脑部供血。

⑥遵医嘱服用降压药，不可随意调节用药的剂量。

（2）急性期生活照护。

①患者出现头痛时，要注意头痛的时间和程度，卧床休息，抬高床头，有头晕、眼花、耳鸣、恶心、呕吐等应卧床休息，下床活动时有人陪伴。

②每日食盐量不超过6g，戒烟、酒及刺激性的饮料。

③避免屏气和用力排便。

④适当进行身体锻炼，如太极拳、慢走、慢跑等。避免过度劳累、熬夜等。

（3）急性期支持服务。

1）营养支持：普通患者给予低盐、低糖、低脂、低胆固醇饮食，适当增加蛋白质摄入，多食新鲜蔬菜及水果，摄入足量的钾、镁、钙。有吞咽困难及呛咳者，加强吞咽功能训练，做好进食护理。昏迷患者鼻饲饮食，定时给予营养餐，保证营养供给。

2）安宁疗护：①身体照护，由多学科服务团队对患者的病情、其他症状、治疗方式以及现有的功能状态进行持续全面的评估，制订合理的照护计划。②心理支持及关怀，关心关爱患者，真心对待。在关心疾病治疗情况和控制症状的同时，还需要关心他们心理、精神、情绪上的变化，注意倾听和沟通，发现心理问题及时干预疏导。

3）长期照护保险服务：根据患者病情，向符合条件的患者及家属介绍长期照护保险申请流程，减轻患者家庭负担。

4. 稳定期护理、生活照护与支持服务

（1）稳定期相关护理服务措施。

①帮助存在语言、感知、运动障碍的患者进行康复训练。

②每日监测患者血压变化,分发口服药。

③定期翻身拍背,预防皮肤压力性损伤及肺部感染。

④肢体功能障碍处于恢复中的患者,定期进行健康宣教,预防跌倒、坠床等不良事件。

⑤有管道患者保持管道固定、通畅。

(2)稳定期生活照护(适用于失能老人)。

①照护服务:帮助老人梳头、洗手、洗脸、洗脚、进餐(管喂)、加餐等。

②整理个人卫生:为老人洗脚、刮胡子、剪指甲,处理大小便,清洗会阴部等。

③心理护理:保持老人愉悦的心情,多让家属陪伴,多听轻音乐。

④清洁与清洗服务:按需换洗床单、衣服,床上擦浴,及时为老人增添、更换衣物。

⑤功能锻炼:适当运动,如太极拳、慢走、手操等。

(3)稳定期支持服务。

营养支持:普通患者给予低盐、低糖、低脂、低胆固醇饮食,适当增加蛋白质,多吃新鲜蔬菜及水果,摄入足量的钾、镁、钙。有吞咽困难及呛咳者,加强吞咽功能训练,做好进食护理。昏迷患者鼻饲饮食,必要时给予营养餐,保证营养供给。

安宁疗护:①身体照护,对患者存在的症状积极进行控制,减轻患者痛苦。②心理关怀及支持,积极发现患者心理问题、不良情绪,鼓励家属陪伴,了解患者需求,鼓励患者积极面对生活。

(二)居家或社区服务机构

1. 医疗服务(签约机构)

(1)患者及家属执行临床医生的健康处方、药品处方,接受随访或到医疗机构随访。

(2)出现不适症状及时与社区养老服务中心联系,中心安排专业人员进行诊治。评估病情是否需要转至医养结合或者专科医院进一步治疗。

2. 护理服务

(1)向患者及家属讲解高血压的知识及危害,引起患者重视。建议患者改善饮食结构,肥胖者控制体重。

(2)养成良好的生活习惯,戒烟、戒酒,劳逸结合,保证充足的睡眠,保持健康心态,减少精神压力,避免过度劳累。

(3)根据病情选择合适的运动,如慢跑、快步走、健身操、自行车等。

(4)告诉患者及家属有关降压药的名称及剂量、用法、作用、不良反应等。

(5)教会患者监测血压的方法并定时测量、记录。定期门诊复查。

(6)老年人晨间睡醒后不要急于起床,最好静卧10分钟后再缓缓起床,以防体位突然改变引起血压波动过大。

3. 照护服务

照护服务的内容包括指导患者家属生活照护技能、帮助患者进行功能锻炼,以及预防跌倒。老年人因肌力减低、平衡功能差、机体反应慢和视力减退等,易发生跌倒。

4. 支持服务

营养支持:饮食应低盐、低糖、低脂、低胆固醇,适当增加蛋白质,多食新鲜蔬菜及水果,摄入足量的钾、镁、钙,保持大便通畅。

五、服务效果评价

对相关指标(如饮食、睡眠、精神状态、疼痛及其他不适症状改善等)进行评价。病情平稳,相关症状得到有效改善,则继续按照制订的相关措施进行干预;病情加重,相关症状未改善,由团队管理人员会诊后,提出转诊或改变干预方案,实施进一步的干预和管理。

六、预防保健

(一) 一级预防

(1) 坚持运动。老人应坚持适当运动,如慢跑、快走、太极拳等。

(2) 保持情绪稳定,戒烟和限制饮酒,控制体重。

(3) 合理膳食,平衡膳食,限制钠盐摄入,加强老年患者营养。增加富钾食物,如新鲜蔬菜、水果和豆类等的摄入。

(4) 加强护理团队的护理服务和心理支持服务,减少患者的紧张情绪及焦虑状态,保证患者的有效睡眠时间,延缓高血压进展。

(5) 注意预防跌倒,尤其是高血压患者,跌倒老人致残及致死率高。

(6) 加强预防保健知识的宣教,指导高血压患者定期测量血压、合理作息、劳逸结合,坚持服用药物,适当运动。

(二) 二级预防

要预防心、脑、肾、血管的损害或并发症,可以改变生活方式,如低盐饮食,每日食盐量小于 6 克,保证睡眠充足,避免情绪激动,戒烟戒酒,多吃含多不饱和脂肪酸的食物,多吃蔬菜水果,规律运动。如血压控制不达标,要口服长效降压药,终身服用。

(三) 三级预防

高血压控制效果不好,后期则易发生心、脑、肾、血管损害或并发症,要预防病情进展,在采取健康生活方式基础上,必须服用长效降压药,长期、终身服药,稳定降压,监测血压,使血压维持在理想标准。

第二节 冠状动脉粥样硬化性心脏病

一、概述

冠状动脉粥样硬化性心脏病是指心脏的冠状动脉粥样硬化使血管腔狭窄或闭塞导致心肌缺血、缺氧而引起的心脏病,它与冠状动脉功能性改变(痉挛)一起统称为冠状动脉性心脏病,简称冠心病。本病高发年龄在50岁以上,患者表现为反复心悸、气短、胸部疼痛,冠心病可导致心肌功能障碍,引起急性冠脉综合征,进一步引发心律失常、心力衰竭,甚至猝死。研究发现,冠心病的危险因素包括年龄、性别、遗传因素、吸烟、高血压、血脂异常、糖尿病、超重、肥胖、缺乏体力活动、精神压力大、不健康饮食和大量饮酒等,新的研究发现危险因素还包括睡眠呼吸暂停综合征、C反应蛋白水平升高。所以,早期发现,早期诊断,积极采取救治措施,减少慢性心功能不全等并发症,对老人及养老人群的冠心病预防及临床治疗意义重大。

二、临床症状

早期可无任何症状,仅表现为走路快、上楼梯、爬坡、劳累诱发不适的症状,此外,在情绪激动及精神紧张时症状也容易被诱发。

(1)典型症状:冠心病的典型症状为心绞痛,即胸部有挤压样疼痛、烧灼感、憋气感,且患者常伴有焦虑感。

(2)伴随的症状:颈部或者背部疼痛,伴随牙疼,突然出现冷汗、头晕、恶心或消化不良、嗳气(打嗝)的感觉,走路劳累明显。慢性冠脉疾病也可引起心绞痛、焦虑或紧张、疲劳,还会引起睡眠障碍、虚弱等症状。

患者发病时易出现心律失常、心源性休克、心力衰竭、脑卒中,甚至心搏骤停,且发作时舌下含服硝酸甘油不能缓解疼痛及症状。因此,一旦发病应尽快呼叫"120"送医院救治。

三、综合评估

(一)医疗风险评估

心绞痛严重程度的分级:

(1)1级:一般日常活动,如走路、上楼梯不会引起明显不适的症状,在走路快的情况下心绞痛易发作。

(2)2级:日常活动轻微受限,走路时心率加快,上楼梯、饱餐后、情绪激动时容易发作。

(3) 3级：日常生活及活动受限，一般走平路100～200米或登一层楼梯即发生心绞痛。

(4) 4级：在轻微活动或休息时发作心绞痛，并有明显乏力的症状。

根据以上心绞痛严重程度的分级情况，1、2级医疗风险评定为1、2级；3、4级医疗风险评定为3、4级。根据医疗风险分级，给予患者分级管理及药物干预、保守治疗或介入治疗。

(二) 护理风险评估、健康风险定级、综合能力评估与综合等级评定

参照第三章第三节相关评估表进行评定。

四、实施医养结合服务

依据评估等级，按服务项目与频次实施分级医养服务。

(一) 医养结合机构

1. 医疗服务

(1) 辅助检查：心电图检查，血、尿、便常规，心肌酶谱、电解质、凝血四项，血压、呼吸、指尖血氧饱和度监测。

(2) 急性重症治疗。立即转上级医院治疗，转院前应给予：①绝对卧床、持续低流量氧气吸入，监测生命体征；②阿司匹林肠溶片、ACEI/ARB；③硝酸酯类药物，如硝酸甘油，扩张血管；④阿托伐他汀片；⑤持续心电、血氧饱和度监测；⑥做好患者的思想教育工作，帮助其放松紧张情绪。

(3) 一般治疗。①休息，保持安静、减少探视，减少不良刺激，可使用镇静药物；②监护，密切监测心电图、血压、心率、呼吸、血氧饱和度变化，为防治猝死提供客观依据；③持续低流量吸氧，尤其是血氧饱和度低的老年患者。

(4) 药物治疗。①抗凝治疗，抗血小板凝聚，防止血栓的形成，如环氧化酶(COX)抑制剂（阿司匹林），不能耐受的考虑使用P2Y12受体拮抗剂，如氯吡格雷片、替格瑞洛，副作用较小；②抗心肌缺血药物，主要用于减少心肌耗氧量、扩张冠脉，增加冠脉血流，缓解心肌缺血，如硝酸酯类药物；③β受体拮抗剂，降低心肌耗氧量，如美托洛尔、比索洛尔和艾司洛尔；④钙离子通道阻滞剂，如硝苯地平，在其他药物治疗病情仍不能控制的情况下使用。

2. 中医药治疗

本病中医名为胸痹，主要病机为各种病因所致心脉痹阻。

根据中医辨证，可分为以下几种证型进行治疗。

(1) 心血瘀阻证。

主要表现：心胸疼痛，如刺如绞，痛有定处，入夜为甚，甚则心痛彻背，背痛彻心，或痛引肩背，伴有胸闷，日久不愈，可因暴怒、劳累加重，舌质紫黯，有瘀斑，苔

薄,脉弦涩。

证机概要:血行瘀滞,胸阳痹阻,心脉不畅。

治法:活血化瘀,通脉止痛。

代表方:血府逐瘀汤。

(2)气滞心胸证。

主要表现:心胸满闷,隐痛阵发,痛有定处,时欲太息,情志不遂时易诱发或加重,或兼有脘腹胀闷,嗳气或矢气则舒,苔薄或薄腻,脉细弦。

证机概要:肝失疏泄,气机郁滞,心脉不和。

治法:疏肝理气,活血通络。

代表方:柴胡疏肝散。

(3)痰浊闭阻证。

主要表现:胸闷重而心痛微,痰多气短,肢体沉重,形体肥胖,遇阴雨天易发作或加重,伴有倦怠乏力,纳呆便溏,咯吐痰涎,舌体胖大,边有齿痕,苔腻或白滑,脉滑。

证机概要:痰浊盘踞,胸阳失展,气机痹阻,脉络阻滞。

治法:通阳泄浊,豁痰宣痹。

代表方:栝蒌薤白半夏汤合涤痰汤。

(4)寒凝心脉证。

主要表现:猝然心痛如刀绞,心痛彻背,喘不得卧,多因气候骤冷或骤感风寒而发病或加重,形寒肢冷,冷汗自出,胸闷气短,心悸,面色苍白,苔薄白,脉沉紧或沉细。

证机概要:素体阳虚,阴寒凝滞,气血痹阻,心阳不振。

治法:辛温散寒,宣通心阳。

代表方:枳实薤白桂枝汤合当归四逆汤。

(5)气阴两虚证。

主要表现:心胸隐痛,时作时休,心悸,气短,动则尤甚,伴倦怠乏力,气息低微,面色㿠白,易汗出,舌质淡红,舌体胖,边有齿痕,苔薄白,脉虚细缓或结代。

证机概要:心气不足,阴血亏耗,血行瘀滞。

治法:益气养阴,活血通脉。

代表方:生脉散合人参养荣汤。

(6)心肾阴虚证。

主要表现:心胸憋闷,心悸,盗汗,虚烦不寐,腰酸膝软,头晕耳鸣,口干便秘,舌红少津,苔薄或剥,脉细数或促代。

证机概要:水不济火,虚热内灼,心失所养,血脉不畅。

治法:滋阴清火,养心活络。

代表方:天王补心丹合炙甘草汤。

(7)心肾阳虚证。

主要表现:心悸而痛,胸闷气短,动则尤甚,自汗,面色㿠白,神倦怯寒,四肢欠温或肿胀，舌质淡胖，边有齿痕，苔白或腻，脉沉细迟。

证机概要：阳气虚衰，胸阳不振，气机痹阻，血行瘀滞。

治法：温补阳气，振奋心阳。

代表方：参附汤合右归饮。

3. 急性期护理、照护与支持服务

(1) 护理服务。

1) 常见护理诊断。

①疼痛：胸痛，与冠状动脉供血不足导致心肌缺血、缺氧有关。

②活动无耐力：与心肌氧的供需失调有关。

③知识缺乏：缺乏冠心病方面的知识。

④潜在并发症：急性心肌梗死。

2) 护理措施。

①患者半卧和坐位，必要时给予吸氧（3~4L/min）。给予低盐、低脂、高维生素和易消化饮食。病情缓解时患者一般不需要卧床休息。

②戒烟，控制血压、血脂和血糖。

③适当运动，如每天慢走 30min 等。

④病情观察，密切观察患者疼痛的位置、性质、程度、持续时间，发现异常立即报告医生并协助处理。

⑤遵医嘱用药改善冠状动脉血供。

⑥皮肤护理：偏瘫的患者严格执行按时翻身，按摩皮肤促进血液循环，预防压力性损伤。

⑦心理护理：发病时安慰患者，增加其安全感。告知患者其病情在医护人员的严密监护下，能得到及时的治疗，以缓解患者的恐惧心理。

(2) 生活照护（适用于失能老人）。

①定时帮助患者进行皮肤护理，定时翻身，预防压力性损伤。

②更换衣物及床单元，保持衣物、床单元的清洁干燥。

③如厕护理，保持会阴部的清洁，定时清洗，大小便不能自理者随时更换护理垫及尿不湿，必要时涂擦紫草油或爽身粉。

④肢体活动：定时为患者翻身、叩背、更换体位，简单进行肢体康复锻炼。

⑤带管道者保持管道的固定通畅，防止管道脱落。

(3) 支持服务。

1) 营养支持。

饮食宜低热量、低脂、低胆固醇、低盐低脂。教育患者多吃蔬菜和粗纤维食物，避免暴饮暴食，注意少食多餐。有吞咽困难及呛咳者，加强吞咽功能训练，做好进食护理，以防发生误吸。昏迷患者给予鼻饲饮食，必要时制订营养餐，保证每日的能量摄入。

2) 安宁疗护。

①身体照护：由多学科服务团队对患者的病情、疼痛、其他症状、治疗方式和副作

用,以及现有的功能状态进行持续全面的评估,制订合理的照护计划。②心理关怀及支持:关心关爱患者,真心对待。在关心疾病治疗情况和症状控制的同时,还需要关心其心理、精神、情绪上的变化,注意倾听和沟通,发现心理问题及时给予干预和疏导。

3)长期照护保险服务。

根据患者病情,向符合条件的患者及家属介绍长期照护保险申请流程,减轻患者家庭负担。

4. 稳定期护理、照护与支持服务

(1)护理措施。

①生活要有规律,保证充足的休息和睡眠。

②合理饮食:饮食宜低热量、低脂、低胆固醇、低盐低脂。多吃蔬菜和粗纤维食物,避免暴饮暴食,注意少食多餐。

③控制体重,适当运动,运动方式以有氧运动为主,注意强度和时间。

④规律性用药:指导患者遵医嘱服药,不要擅自增减药量,如果有不适感即时到医院就诊。

⑤带管道的患者定期维护,注意观察引流液的颜色、性状及量,保持管道的固定、通畅。

⑥定期翻身拍背,预防皮肤压力性损伤及肺部感染的发生。

⑦肢体功能障碍处于恢复中的患者,定期接受健康宣教,预防跌倒、坠床等不良事件的发生。

(2)生活照护(适用于失能老人)。

①照护服务:帮助患者梳头、洗手、洗脸、洗脚、进餐(管喂)、加餐等。

②清洁与清洗服务:按需换洗床单、衣物,床上擦浴,及时为老人增添、更换衣物。

③身体护理:对卧床患者提供大小便护理、人工通便、口腔护理、尿道口及肛周护理、定时翻身、气管切开护理等特殊服务。

④整理个人卫生:为老人洗脚、刮胡子、剪指甲等。

⑤感知觉康复训练:对卧床患者每日开展肢体功能锻炼,增加家属探视频率或给予轻音乐刺激。

(3)支持服务。

1)营养支持:饮食宜低热量、低脂、低胆固醇、低盐低脂,鼓励患者多吃蔬菜和粗纤维食物,避免暴饮暴食,注意少食多餐。有吞咽困难及呛咳者,加强吞咽功能训练,做好进食护理,以防发生误吸。昏迷患者给予鼻饲饮食,必要时制订营养餐,保证每日的摄入量。

2)安宁疗护:①身体照护,对患者存在的症状积极进行控制,减轻患者痛苦。②心理关怀及支持,积极发现患者心理问题、不良情绪,鼓励家属探视,鼓励患者积极面对生活。

（二）居家或社区服务机构

1. 医疗服务（签约机构）

（1）患者及家属执行临床医生的健康处方、药品处方，接受随访或到医疗机构随访。

（2）出现不适症状及时与社区养老服务中心联系，中心安排专业人员进行诊治，评估病情是否需要转至医养结合机构或者专科医院进一步治疗。

2. 护理服务

（1）定时定量服药，禁止自行增减药物，如有不适症状及时告知家属，及时就医。

（2）保持良好的心态及愉悦的心情，家属多陪伴，适当运动，培养兴趣，如养鱼、养花、听音乐等。

（3）适当运动，如步行、慢跑等，有助于增加心功能。

（4）老年人晨间睡醒后不要急于起床，最好静卧 10 分钟后再缓缓起床，以防体位突然改变血压导致跌倒。

（5）保证充足睡眠，养成规律的睡眠习惯，睡前不宜吃东西，喝浓茶和咖啡；保持房间的温湿度适宜，光线不宜太强。

（6）有语言、感知、运动障碍的患者应坚持进行康复训练。

3. 照护服务

照护服务内容包括指导患者家属学习生活照护技能，翻身、拍背技巧，大小便处理方法。

4. 支持服务

（1）营养支持：给予低脂、低胆固醇、低盐、低热量，高蛋白，富含维生素、粗纤维的食物，保持患者大便通畅。

（2）心理支持及关怀：进行心理关怀，帮助老年人建立治愈疾病的信心。

五、服务效果评价

对相关指标（如饮食、睡眠、精神状态、疼痛及其他不适症状改善等）进行评价。病情平稳，相关症状得到有效改善，则继续按照以上相关措施进行干预；病情加重，相关症状未改善，由团队管理人员会诊后，提出转诊或改变干预方案，实施进一步的干预和管理。

六、预防保健措施

（一）一级预防

预防冠心病，主要针对冠心病高危个体的危险因素进行干预，如吸烟、肥胖、高血压、血脂异常和糖尿病等，对患者进行积极的、有针对性的教育和指导，让其注意改善生活方式，合理饮食。

（二）二级预防

冠心病的早期检出、早期诊断和早期治疗，可以延缓病情的发展，避免并发症和急性冠心病的发生。冠心病患者定期复查随访，有助于减少冠心病心绞痛的发生次数，减少过度的情绪紧张，减少过度疲劳，预防血压升高及血糖升高的情况发生。同时患者应监测血脂、血糖、心功能改变等相关指标的变化情况。

（三）三级预防

长期服用药物，防止冠心病进一步加重，在二级预防的基础上，服用抗血小板聚集和血栓形成药物；积极治疗并发症，进行合理、适当的康复治疗，降低病死率，延长寿命。

第三节　慢性阻塞性肺疾病

一、概述

慢性阻塞性肺疾病（COPD）简称慢阻肺，指一类以持续气流受限为主要特征，可预防及治疗的慢性气道炎症性疾病。其显著特点是气流受限从不完全可逆演变成进行性发展。肺功能检查是本病临床诊断的金标准。患者在吸入支气管扩张剂后 $FEV_1/FVC<70\%$ 表明存在持续气流受限。2018 年我国慢阻肺流行病学调查结果显示：40 岁以上人群慢阻肺的患病率为 13.7%。

该病常见病因：吸烟、职业粉尘和化学物、空气污染、感染因素及其他因素。其中吸烟是最重要的环境发病因素。

二、主要临床表现

1. 慢性咳嗽

晨间和夜间阵咳明显，随病程发展可终身不愈。

2. 咳痰

一般为白色黏液或浆液泡沫性痰，清晨排痰较多，急性加重期痰量明显增多。

3. 气短或呼吸困难

早期到后期临床症状逐渐加重，是慢阻肺的标志性症状。

4. 喘息或胸闷

在患者病情危重时、中后期或者急性加重期出现。

5. 其他

消瘦、乏力等。

三、综合评估

（一）医疗风险评估

患者出现慢性咳嗽急性发作，伴心肺功能受损的心累、气促、下肢水肿，以及出现紫绀、食欲下降、全身乏力等症状，则医疗风险等级评估为3、4级；患者出现慢性咳嗽，急性发作伴心肺功能轻度受损的心累气促症状，但平地行走无心累气促，无其他伴发症状，则医疗风险等级评估为1、2级。

（二）护理风险评估、健康风险定级、综合能力评估与综合等级评定

参照第三章第三节相关评估表内容进行评定。

四、实施医养结合服务

依据评估等级，按服务项目与频次实施分级医养服务。针对临床症状考虑进行相应的医学辅助检查，常规检查项目：血常规、血沉、C反应蛋白、降钙素原、细菌培养+药敏实验、痰液检查、肿瘤标志物、血气分析、肺功能检查、纤维支气管镜、肺组织活检、胸部X线、胸部CT、肺CT血管成像（CTA）、胸部MRI、胸部彩超等。

（一）急性加重期

1. 医疗服务

临床医生结合老年人病情的严重程度，决定门诊治疗或住院治疗。如需住院治疗，将老年人转至医养结合机构的住院病区，未设住院病区的机构或居家老年人转至医院呼吸内科住院病区；急性期治疗完成转回生活托养区或社区、家里康复。

（1）管理目的：①缓解症状，提高运动耐力，改善健康状况；②预防急性发作，预防疾病发展，降低病死率。

（2）治疗方法：以抗感染、扩张支气管、氧疗等治疗为主。

2. 护理服务

（1）常见护理诊断：

1）气体交换受损：与气道损害，通气不足，分泌物过多和肺泡呼吸面积减少有关。

2）清理呼吸道无效腔：与气道湿度减低、分泌物增多、痰黏稠不易咳出有关。

3）低效型呼吸形态：与气道阻塞、痰液黏稠有关。

4）活动无耐力：与咳嗽、咳痰、缺氧、呼吸困难有关。

5）营养失调：低于机体需要量，与食欲降低、机体消耗增加有关。

6）知识缺乏：缺乏疾病诱因、发展、治疗等相关知识。

7）有皮肤完整性受损的危险：与长期卧床、营养不良有关。

（2）护理措施：

1）提供安静舒适、干净的病房环境，保持室温在18℃～20℃，湿度在50%～70%。

2）氧疗：给予患者持续、低流量、低浓度氧气吸入，流量1～2L/min，吸氧浓度25%～29%，吸氧时间每天10～15小时。

3）指导患者及时清除呼吸道分泌物。鼓励深呼吸和有效咳嗽，多饮水（>1500ml/d），湿化痰液，促进有效排痰。

4）遵医嘱使用解痉、平喘药物和激素，观察药物疗效和不良反应。必要时遵医嘱雾化。

3. 照护服务

（1）协助患者取舒适体位，如半卧位或坐位，协助翻身、拍背，必要时予气垫床，预防压力性损伤，保证患者安全。

（2）加强床边巡视，随时为患者解决日常生活需要。

（3）保持呼吸道通畅，有效咳嗽排痰。

（4）指导患者腹式呼吸和缩唇呼吸，以降低呼吸功耗，缓解气促症状。

（5）避免受凉、呼吸寒冷空气等诱因，预防呼吸道感染。

4. 支持服务

（1）营养支持：①向患者及家属宣传摄取足够的营养对满足机体的需要、保持和恢复体力的重要性。②鼓励患者进食，与患者及家属共同制订使患者乐意接受的高能量、高蛋白、高维生素的饮食计划。③餐后避免平卧，避免进食产气食物，如豆类、马铃薯等，避免进食引起便秘的食物，如油煎食物、坚果等。④鼓励患者进食，少量多餐，多准备患者喜爱的食物以促进食欲。并发肺心病、水肿明显的患者宜低盐饮食，钠盐摄入少于3g/d，水摄入少于1500ml/d。

（2）安宁疗护：①身体照护，由多学科服务团队对患者的病情、疼痛、其他症状、治疗方式和副作用，以及现有功能状态进行持续全面的评估，制订合理的照护计划。②心理支持及关怀，关心关爱患者，真心对待。在关心疾病治疗情况和症状控制的同时，还需要关心他们心理、精神、情绪上的变化，注意倾听和沟通，发现心理问题及时干预疏导。

（3）长期照护保险服务：根据患者病情，向符合条件的患者及家属介绍长期照护保险申请流程，减轻患者家庭负担。

（二）稳定期（缓解期）

1. 医养结合机构

（1）医疗服务。

①医护人员 24 小时值班和提供急诊救护服务。

②医生、护士定期巡诊并做好巡诊记录。

③定期进行老年人健康体检，进行健康风险与综合能力评估。

④建立健康档案，将门诊、会诊、转诊等医疗服务记录纳入档案管理，及时更新老年人健康档案相关信息。

⑤稳定期的药物治疗。药物选择遵循个体化治疗原则。呼吸道症状明显的可使用布地奈德一类的药物吸入，缓解支气管痉挛，改善通气情况。

⑥长期氧疗。

氧疗指征：$PaO_2 \leqslant 55mmHg$ 或者 $SaO_2 \leqslant 88\%$，有或者没有高尿酸血症；PaO_2 55~60mmHg 或者 $SaO_2 < 89\%$，并有肺动脉高压、右心衰竭或红细胞增多症。

用法：一般为鼻导管，氧流量为 1~2L/min。

时间：吸氧时间>15h/d。

目标：$PaO_2 \geqslant 60mmHg$ 或者 $SaO_2 > 90\%$。

（2）护理服务。

针对稳定期 COPD 患者的一般护理措施：

①提供安静舒适、干净的病房环境，保持室温在 18℃~20℃，湿度在 50%~70%。

②氧疗：持续、低流量、低浓度氧气吸入，氧流量 1~2L/min，吸氧浓度 25%~29%，吸氧时间>15h/d。

③每日监测患者血压变化，协助患者服药。

④定期翻身拍背，预防压力性损伤及肺部感染的发生。

⑤对出现压力性损伤的患者积极换药治疗。

（3）康复服务。

康复服务的内容包括进行心肺功能康复训练治疗，指导患者进行有氧运动。

（4）中医药服务。

本病中医病名为肺胀，病变首先在肺，继而影响脾、肾，后期病及于心。病理因素主要为痰浊、水饮与血瘀，且三者常互相影响。根据中医辨证，可将其分为以下几个证型展开治疗。

1）痰浊壅肺证。

主要表现：胸满闷，短气喘息，稍劳即著，咳嗽痰多，咯痰色白黏腻或多泡沫，畏风易汗，脘痞纳少，倦怠乏力，舌黯，苔薄腻或腻，脉滑。

证机概要：肺虚脾弱，痰浊内蕴，肺失宣降。

治法：化痰降气，健脾益肺。

代表方：苏子降气汤合三子养亲汤。

2）痰热郁肺证。

主要表现：咳嗽，喘息气促，胸满，烦躁，目胀睛突，痰黄或白，黏稠难咯，或伴身热，微恶寒，有汗不多，口渴欲饮，溲赤，便干，舌边尖红，苔黄或黄腻，脉数或滑数。

证机概要：痰热壅肺，清肃失司，肺气上逆。

治法：清肺化痰，降逆平喘。

代表方：越婢加半夏汤或桑白皮汤。

3）痰蒙神窍证。

主要表现：神志恍惚，表情淡漠，谵妄，烦躁不安，撮空理线，嗜睡，甚则昏迷，或伴肢体蠕动，抽搐，咳逆喘促，咳痰不爽，苔白腻或黄腻，舌质黯红或淡紫，脉细滑数。

证机概要：痰蒙神窍，引动肝风。

治法：涤痰，开窍，息风。

代表方：涤痰汤。

4）阳虚水泛证。

主要表现：心悸，喘咳，咳痰清稀，面浮，下肢浮肿，甚则一身悉肿，腹部胀满有水，脘痞，纳差，尿少，畏寒，面唇青紫，苔白滑，舌胖质黯，脉沉细。

证机概要：心肾阳虚，水饮内停。

治法：温肾健脾，化饮利水。

代表方：真武汤和五苓散。

5）肺肾气虚证。

主要表现：呼吸浅短难续，声低气怯，甚则张口抬肩，喘息不得平卧，咳嗽，痰白如沫，咯吐不利，胸闷心慌，形寒汗出，或腰膝酸软，小便清长，或尿有余沥，舌淡或紫黯，脉沉细数，或结代。

证机概要：肺肾两虚，气失摄纳。

治法：补肺纳肾，降气平喘。

代表方：平喘固本汤和补肺汤。

（5）照护服务（适用于失能老人）。

1）生活照护：帮助老人梳头、洗手、洗脸、洗脚、进餐（管喂）、加餐等。

2）清洁与清洗服务：按需换洗床单、衣物，床上擦浴，及时为老人增添、更换衣物。

3）身体护理：对卧床老人提供大小便护理、人工通便、口腔护理、尿道口及肛周护理、定时翻身、气管切开护理等特殊护理。

4）整理个人卫生：为老人洗脚、刮胡子、剪指甲、理发等。

（6）支持服务。

1）营养支持。

①向患者及家属宣传摄取足够的营养对满足机体的需要、保持和恢复体力的重要性。

②鼓励患者进食,与患者及家属共同制订患者乐意接受的高能量、高蛋白、高维生素的饮食计划。

③餐后避免平卧,避免进食产气食物,如豆类、马铃薯等,避免进食引起便秘的食物,如油煎食物、坚果等。

④鼓励患者进食,少量多餐,多准备患者喜爱的食物以促进食欲。并发肺心病、水肿明显者宜低盐饮食,钠盐摄入少于3g/d,水摄入少于1500ml/d。

2)安宁疗护。

①身体照护:对患者存在的症状积极进行控制,减轻患者痛苦。

②心理支持及关怀:积极发现患者心理问题、不良情绪,鼓励家属探视,鼓励患者积极面对生活。

2. 居家或社区服务机构

(1)医疗服务(签约机构)。

定期开展医疗巡诊,每年开展一次健康体检。

定期进行健康风险与综合能力评估。

提供健康指导。

(2)护理服务。

1)健康宣教:指导患者注意防寒保暖,预防呼吸道感染,避免剧烈咳嗽。戒烟,避免刺激性气体吸入,感冒流行时少去公共场所,冬季外出戴好口罩。

2)康复训练:病情缓解期注意多做户外活动,增强机体抵抗力,坚持呼吸功能锻炼,增强呼吸肌功能,可制订个性化的康复计划,选择步行、慢跑等体育锻炼项目。

3)心理指导:指导患者家属了解本病发生、发展过程和治疗知识,以积极的心态对待疾病,分散注意力,缓解焦虑、紧张的精神状态。

(3)中医药服务。

中医药服务包括指导患者中医养老保健知识,运用中医治未病理论为患者实施"三伏贴"与"三九灸"治疗。

(4)康复服务(患有心绞痛、心衰及其他不适合运用的疾病除外)。

1)有氧训练:主要包括快走、慢跑、游泳、打球等。

2)阻抗训练:主要包括器械训练,如哑铃、弹力带、各种阻抗训练器械;徒手训练,如深蹲、俯卧撑等;呼吸肌功能训练,一般以最大吸气压(MIP)的30%作为初始负荷,每次训练10~30分钟;柔韧性训练,主要是牵伸全身大关节活动等。

3)自我肺功能康复训练管理:病情平稳,综合评估等级为1、2级的患者,建议居家、社区或门诊康复。康复周期一般为4~6周,但需要长期重复进行周期性康复训练。

常用训练方法为腹式呼吸,主要锻炼膈肌:吸气时,最大限度地向外扩张腹部,胸部保持不动;呼气时,最大限度地向内收缩腹部,胸部保持不动;吸气和呼气的时间比例为1∶2或1∶3。

(5)照护服务。

指导患者家属生活照护技能,如翻身、拍背技巧,大小便处理方法。

(6) 支持服务。

1）营养支持：饮食宜选择高能量、高蛋白、高维生素、低糖的食物，避免产气食物。并发肺心病、水肿明显者宜低盐饮食，钠盐摄入少于3g/d，水摄入少于1500ml/d。

2）心理支持及关怀：进行心理辅导与人文关怀。

五、服务效果评价

对相关指标（饮食、睡眠、精神状态、呼吸道症状改善等）进行评价。病情平稳，相关症状得到有效改善，则继续按照以上相关措施进行干预；病情加重，相关症状未改善，由团队管理人员会诊后，提出转诊或改变干预方案，实施进一步的干预和管理。

六、预防保健

（一）一级预防

（1）建议戒烟，秋冬季节及时接受注射预防疫苗，外出戴口罩、避免接触污染空气等，减少慢阻肺急性发作期发生。

（2）应当定期开展健康教育：指导个体生活规律、避免受凉和过度劳累，加强营养、合理膳食、控制体重，适当运动，心理平衡，改善睡眠，戒烟戒酒，科学就医、合理用药等健康生活方式。

（3）定期举办健康知识讲座，让老年人掌握呼吸系统疾病预防的措施及必要的急救技能。

（4）鼓励有自理能力的老年人每天写健康日记，进行自我健康监测。

（5）教会有自理能力的老年人掌握正确的呼吸功能训练方法。

（6）合理地用中医中药提高机体免疫力，进行预防保健。

（7）定期进行肺功能检测，尽早干预。

（二）二级预防

1. 定期体检

做到"早发现、早诊断、早治疗"，及时阻止或者延缓慢阻肺的进展。

2. 加强呼吸系统疾病规范化治疗和科学管理

常见的呼吸功能训练包括深呼吸、缩唇呼吸、呼吸体操、爬楼梯、三球呼吸训练等。

（1）深呼吸（图8-1）。

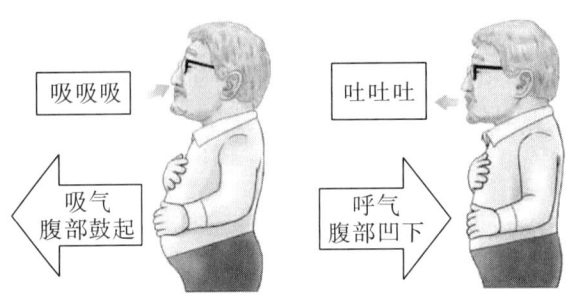

图 8-1 深呼吸训练示意图

（2）缩唇呼吸：可以防止呼气时小气道狭窄，有利于肺内气体排出；吸气时，用鼻子吸气；呼气时，缩唇，缓慢呼出气体（图 8-2）。

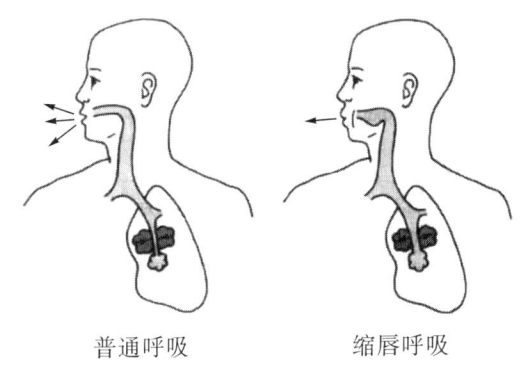

图 8-2 缩唇呼吸训练示意图

（3）呼吸体操：有利于胸廓扩张，增加肺活量。双手自然下垂，吸气时，双手向前抬高过头；呼气时，再慢慢放下双手。

（4）爬楼梯：简单易行，效果好。注意配合呼吸，抬腿时吸气，用力上台阶时呼气。

（5）三球呼吸训练：①含住咬嘴吸气，个体深长均匀地吸气使训练器中的球体升起，尽可能摒气 3~5 秒，保持球体升起状态。②移开呼吸训练器呼气，重复呼吸训练，10~15 分钟后，以正常呼吸休息。三球呼吸训练器如图 8-3 所示。

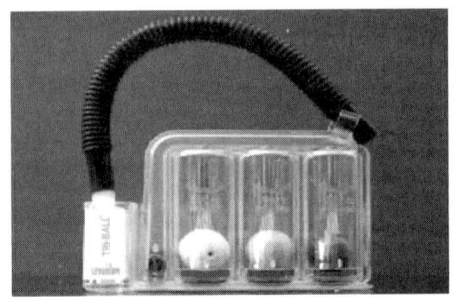

图 8-3 三球呼吸训练器示意图

(6) 其他：吹蜡烛、吹口哨、吹气球。平卧时，可于腹部放置沙袋，以达到训练肺功能的目的。

（三）三级预防

加强对呼吸系统疾病的规范化治疗、科学管理，紧急情况给予及时有效的处理（如排痰），防止发生危险情况。

"慢支炎、慢阻肺"排痰法：

(1) 蒸汽吸入法。在急性发作期，患者常感咯痰不爽、胸闷气短，这是因为痰液过于黏稠，难以排出所致。具体方法：用直径10~15cm的深桶杯盛半杯开水，将口鼻靠近杯口，用力吸蒸汽，待水稍冷再换开水，反复2或3次即可。

(2) 走动转体法。适用于长期卧床排痰困难的老年人。具体方法：①鼓励有能力下床的老年人尽量下床活动（必须在家属或者医养结合机构医护人员帮扶下进行）；②确实无法起床的老人，由老人家属或者医养结合机构医护人员经常为老人翻身、拍背（每天至少1次/4小时）；③可以使用专用排痰机或者吸痰器对长期卧床排痰困难的老人进行排痰。

(3) 紧急抠痰法。严重肺部感染或者意识障碍的老年人很容易发生痰阻塞呼吸道窒息死亡，在急救时可用压舌板压舌，将裹有纱布的手指伸向其喉，将痰块抠出。

第四节　脑卒中

一、概述

脑血管意外又称脑卒中，包括缺血性卒中和出血性卒中，以突然发病、迅速出现局限性或弥散性脑功能缺损为临床特征，为一组器质性脑损伤导致的脑血管疾病。卒中是目前导致人类死亡的第二位原因，也是单病种致残率最高的疾病，给个人、家庭和社会带来巨大的痛苦和负担。我国卒中发病率为（120~180）/10万，每年新发病例超过200万，每年死亡病例超过150万，约2/3存活者遗留有不同程度的残疾。随着人口老龄化不断加剧，卒中造成的危害日趋严重。由于绝大部分卒中患者的病理生理过程无法逆转，减少卒中疾病负担的最佳途径还是预防，特别应强调一级预防，即针对卒中的危险因素积极地进行早期干预，以减少卒中的发生。

卒中的危险因素主要有年龄、高血压、糖尿病、血脂异常、心房颤动、颈动脉斑块形成及狭窄、脑动脉畸形及脑动脉瘤、吸烟、酗酒、肥胖等。

二、主要临床表现

脑卒中的临床表现复杂，以意识障碍、认知障碍（血管性痴呆）、偏身活动及感觉障碍、构音障碍、失语等中枢神经功能损害为主要临床表现。

（一）意识障碍

意识是指个体对周围环境及自身状态的感知能力。意识障碍可分为觉醒度下降和意识内容变化两方面。前者表现为嗜睡、昏睡和昏迷，后者表现为意识模糊和谵妄等。

（二）认知障碍

认知是指人脑接受外界信息，经过加工处理，转换成内在的心理活动，从而获取知识或应用知识的过程。认知包括记忆、语言、视空间、执行、计算和理解判断等方面。认知障碍是指上述功能中一项或多项受损。

（三）瘫痪

瘫痪是指个体随意运动功能的减退或丧失。脑卒中常表现为单侧肢体的活动障碍，同时脑卒中患者常伴有单侧肢体或躯干的感觉异常，常表现为单侧肢体或躯干痛、触觉减退或麻木。

（四）构音障碍

构音障碍主要表现为患者发音困难、吐词不清，或者发声、音调及语速异常，严重者完全不能发音。

（五）失语

失语主要表现为自发谈话、口语理解、复述、命名、阅读和书写六个基本功能的残缺或丧失。

三、综合评估

（一）医疗风险评估

根据患者的临床表现，仅有构音障碍、失语的，医疗风险评定为1、2级；除构音障碍与失语，其他症状有一种及以上，则医疗风险评定为3、4级。

（二）护理风险评估、健康风险定级、综合能力评估与综合等级评定

参照第三章第三节相关评估表内容进行评定。

四、实施医养结合服务

依据评估等级，按不同的服务项目与频次实施分级医养服务。本病的医养服务分为急性期、恢复期和后遗症期。可根据不同的临床表现进行相应的辅助检查，常规检查项目：血常规、肝肾功能、电解质、血气分析、头颅CT、DSA、TCD、头颅CTA、头颅

MRI、头颅 MRA、颈部 CE-MRA 等。

(一) 急性期（发病后 2 周内）

1. 医疗服务

临床医生应仔细查体，对患者神经功能损害进行评估，常用 NIHSS 量表，根据患者病情的严重程度决定住院治疗或转入上级医院治疗，并与患者或家属做好病情、检查结果、治疗方案等沟通，签署相关医疗知情文件。密切关注患者各项辅助检查结果及病情变化，及时处理或向上级医生请示指导，做好病历书写。急性期治疗结束后，若患者病情及生命体征平稳，应转回生活托养区或原医养机构进行康复。

(1) 治疗方法：保持呼吸道通畅，合理控制血压、血糖，控制脑水肿，抗血小板聚集（脑梗死），稳定斑块，清除自由基、营养脑细胞，维持水电解质平衡，给予营养支持，早期康复介入。

(2) 目标：降低病死率及致残率。

2. 护理服务

(1) 常见护理诊断：

1) 躯体活动障碍：与脑卒中导致肢体瘫痪有关。

2) 生活自理缺陷：与肢体瘫痪有关。

3) 语言沟通障碍：与失语有关。

4) 有废用综合征的危险：与肢体瘫痪、长期卧床未能及时进行肢体康复锻炼等有关。

5) 知识缺乏：缺乏脑卒中相关的预防保健知识。

(2) 护理措施：

1) 严密观察患者生命体征、意识状态和瞳孔变化，观察有无头痛、呕吐等颅内压增高的表现，发现异常及时报告医生。

2) 急性期绝对卧床休息，避免搬动，一般让患者平卧，遵医嘱给予氧气吸入。

3) 康复护理：缺血性脑卒中患者只要意识清楚、生命体征平稳，病情停止进展后 48 小时即可进行康复治疗，一般在发病 1 周后开始。应鼓励患者做一些主动或被动运动，逐渐增加肢体活动量。教会失语患者简单而有效的交流技巧，制订个体化的全面语言康复计划，促进其语言功能恢复。

4) 皮肤护理：偏瘫的患者严格按时间执行翻身，按摩皮肤促进血液循环，预防压力性损伤。

3. 照护服务（适用于失能老人）

(1) 定时帮助其进行皮肤护理，定时翻身，预防压疮。

(2) 更换衣物及床单元，保持衣物、床单元的清洁干燥。

(3) 生活护理，帮助其洗脸、洗脚、洗澡、梳头、进餐（管喂）、服药。

(4) 如厕护理，保持会阴部的清洁，定时清洗，大小便不能自理者随时更换护理垫及尿不湿，必要时涂擦紫草油或爽身粉。

(5) 肢体活动：定时为老人翻身、叩背、更换体位，进行简单的肢体康复锻炼。

(6) 带管道者保持管道的固定通畅，防止管道脱落。

4. 中医药服务

(1) 根据辨证选用不同方剂，常用方剂有补阳还五汤、桃红四物汤、小活络丹等。

(2) 针刺、艾灸、推拿、中药熏蒸等。

5. 支持服务

(1) 营养支持。经济条件允许的患者根据各项生化指标及营养风险评估结果，制订营养餐，普通患者给予低盐、低糖、低脂、低胆固醇，富含维生素、纤维素的无刺激流食、半流食或软食，以防发生误吸。有吞咽困难及呛咳者，加强吞咽功能训练，做好进食护理。昏迷患者鼻饲饮食，保证每日的能量摄入。

(2) 安宁疗护。

1) 身体照护：由多学科服务团队对患者的病情、疼痛、其他症状、治疗方式和副作用，以及现有的功能状态进行持续全面的评估，制订合理的照护计划。

2) 心理关怀及支持：关心关爱患者，真心对待。在关心其疾病治疗情况和症状控制的同时，还需要关心他们心理、精神、情绪上的变化，注意倾听和沟通，发现心理问题及时干预疏导。

(3) 长期照护保险服务。根据患者病情情况，向符合条件的患者及家属介绍长期照护保险申请流程，减轻患者家庭负担。

(二) 恢复期（发病2周后到6个月内）

1. 医疗服务

这一时期是患者各项神经功能恢复的关键时期，主要采取措施预防再次卒中，并进行康复治疗。药物治疗包括抗血小板聚集（脑梗死）、稳定斑块、抗凝、控制"三高"等。康复治疗包括针刺、艾灸、推拿、中药熏蒸、步态训练、语言训练等。

2. 护理服务

(1) 带管道的患者定期维护、更换管道，尿管每日消毒2次，注意观察引流液的颜色、性状及量，保持管道的固定、通畅。

(2) 帮助有语言、感知、运动障碍的患者进行康复训练。

(3) 每日监测患者血压变化，分发口服药。

(4) 定期翻身、拍背，预防压力性损伤及肺部感染的发生。

(5) 对肢体功能障碍处于恢复中的患者，定期进行健康宣教，预防跌倒、坠床等不良事件的发生。

(6) 对出现压力性损伤的患者积极进行换药治疗。

3. 照护服务（适用于失能人员）

(1) 生活照护：帮助老人梳头、洗手、洗脸、洗脚、进餐（管喂）、加餐等。

(2) 清洁与清洗服务：按需换洗床单、衣物，床上擦浴，及时为老人增添、更换衣物。

(3) 身体护理：对卧床患者提供大小便护理、人工通便、口腔护理、尿道口及肛周护理、定时翻身、气管切开护理等特殊护理。

(4) 整理个人卫生：为老人刮胡子、剪指甲、理发等。

(5) 感知觉康复训练：给予患者言语与音乐等良性刺激，激发其感知觉反应，联系家属进行亲情关怀。

4. 支持服务

(1) 营养支持：经济条件允许的患者根据各项生化指标及营养风险评估结果，制订营养餐，普通患者给予低盐、低糖、低脂、低胆固醇，富含维生素、纤维素的无刺激流食、半流食或软食，以防发生误吸。有吞咽困难及呛咳者，加强吞咽功能训练，做好进食护理。昏迷患者鼻饲饮食，保证每日的能量摄入。

(2) 安宁疗护：

1) 身体照护：对患者存在的症状积极进行控制，减轻患者痛苦。

2) 心理支持及关怀：及时发现患者的心理问题、不良情绪，鼓励家属探视，鼓励患者积极面对生活。

(三) 后遗症期（发病6个月后）

1. 医疗服务

此期患者已经遗留不同程度的永久性神经功能障碍，包括肢体活动障碍、智力障碍、失语等。因此应更加注意保持患者病情稳定，做好日常健康管理工作。具体服务内容包括：

(1) 医护人员根据患者情况做好提供救护服务的准备。

(2) 医护人员定期巡诊并做好相应记录。

(3) 定期为患者进行健康体检，评估患者健康风险。

(4) 建立脑卒中老人健康管理档案，将病情变化、体检、门诊、会诊、入院、转诊等信息及时记录。

(5) 陪护人员应做好相关措施，最大程度防止压力性损伤、坠积性肺炎、误吸、坠床、跌倒等不良事件的发生。

2. 护理服务

(1) 健康宣教，告知患者积极治疗原发病，如高血压、高脂血症、糖尿病等，指导患者正确服药。

(2) 鼓励患者进行力所能及的劳动，平时适度参加体育活动，以促进血液循环。

(3) 语言、感知、运动障碍的患者应坚持进行康复训练，家属应鼓励患者并为其提供良好的休养环境。

(4) 老年人晨间睡醒后不要急于起床，最好静卧10分钟后再缓缓起床，以防体位突然改变致血栓脱落。

3. 照护服务

指导患者家属生活照护技能，如翻身、拍背技巧，大小便处理方法。

4. 支持服务

（1）营养支持：指导患者饮食应低脂、低胆固醇、富含维生素，忌烟、酒；多进食粗纤维食物，保持大便通畅。

（2）心理关怀及支持：做好老人的心理关怀，帮助其建立生活的信心。

五、效果评价

对相关指标（如饮食、睡眠、精神状态、呼吸道症状改善等）进行评价。病情平稳，相关症状得到有效改善，则继续按照以上相关措施进行干预；病情加重，相关症状未改善，由团队管理人员会诊后，提出转诊或改变干预方案，实施进一步的干预和管理。

六、预防保健

（一）一级预防

改变不良生活方式，养成健康的生活方式。

（1）改变不良生活方式：主要指吸烟、饮食无节制、缺少运动等危险因素。生活方式导致疾病的发生、发展，影响疾病的康复与预后。

（2）养成健康的生活方式：工作时劳逸结合、避免情绪波动、戒烟、限酒等。

（二）二级预防

控制危险因素，积极防治高血压、糖尿病、高脂血症、肥胖病等危险因素导致的动脉粥样硬化斑块的形成。应注意预防动脉粥样硬化病变的进展，减少其发生破裂后导致的心脑血管事件。

（三）三级预防

对有心脑血管疾病家族史和有各种危险因素的高危患者进行有效的抗栓治疗。脑卒中一旦发生应及时发现、及时送医。缺血性脑卒中在黄金6小时内的溶栓救治非常重要。另外，有基础病的高危人群更要注意居住地不能远离医疗场所，确保发生意外后能及时送医。

第五节 2型糖尿病

一、概述

糖尿病是一组多病因、由胰岛素分泌和（或）利用缺陷所引起的以慢性高血糖为特征的代谢性疾病。长期体内糖类、脂肪、蛋白质代谢紊乱，可引起多系统损害，导致眼、肾、神经、心脏、血管等组织器官出现慢性进行性病变、功能减退。病情严重或应激时，患者可发生急性严重代谢紊乱，如糖尿病酮症酸中毒、高渗高血糖状态等。

2型糖尿病的主要致病因素是肥胖，往往患者生活不规律，进食较多，且缺乏身体活动，导致能量堆积，体重超出正常范围。

二、主要临床表现

糖尿病的典型症状俗称"三多一少"，即多尿、多饮、多食、体重下降。有些老人可能因感觉异常或消失、夜间腹泻、体位性低血压，查出糖尿病性神经病变；甚至个别患者由于足趾溃疡或坏死，才检查诊断为"糖尿病足"。因此，在老年人中，不管有无临床症状，均应考虑到糖尿病的可能，尤其是出现乏力、体重下降，有心脑血管意外时。

三、综合评估

（一）医疗风险评估

糖尿病伴发1、2种其他疾病，医疗风险评定为1、2级；糖尿病伴发2种以上其他疾病，或出现糖尿病并发症，医疗风险评定为3、4级。糖尿病最常见和严重的并发症为低血糖、糖尿病高渗性昏迷、糖尿病酮症酸中毒，治疗时务必进行血糖监测。当患者出现心悸、手抖、出冷汗、意识模糊等症状时，应该考虑低血糖发作，可以及时予以含糖食物，如糖块糖水等纠正低血糖；患者发生糖尿病高渗性昏迷、糖尿病酮症酸中毒时立即就医。

（二）护理风险评估、健康风险定级、综合能力评估与综合等级评定

参照第三章第三节第三点相关评估表内容进行评定。

四、实施医养结合服务

依据评估等级，按不同的服务项目与频次实施分级医养服务。根据临床症状可进行

相应医学辅助检查，常规检查项目：尿糖测定、血糖测定和口服葡萄糖耐量试验、糖化血红蛋白和糖化血浆白蛋白测定、胰岛β细胞功能检查等。

（一）急性加重期

1. 医疗服务

临床医生结合老年人病情的严重程度，决定其门诊治疗或住院治疗。如需住院治疗，将老年人转至医养结合机构的住院病区，未设住院病区的医养机构或居家老人转至医院内分泌代谢科住院病区；急性期治疗完成，病情稳定后转回生活托养区或转社区、家里康复。

（1）管理目的：①缓解症状，提高运动耐力，改善健康状况；②预防急性发作，预防疾病发展，减少病死率。

（2）治疗方法：体重管理，营养治疗，合理控制摄入总能量、合理分配餐次、适当进行运动治疗。口服降糖药（磺酰脲类、二甲双胍、α-葡萄糖苷酶抑制剂、胰岛素增敏剂、格列奈类），注射胰岛素及胰岛素类似物，制剂品种以动物及人胰岛素、胰岛素类似物等为主。

2. 中医药治疗

本病归入中医消渴病中，主要病机为阴津亏损，燥热偏胜，而以阴虚为本，燥热为标。根据中医辨证可将本病分为以下证型进行治疗。

（1）上消（肺热津伤证）。

主要表现：口渴多饮，口舌干燥，尿频量多，烦热多汗，舌边尖红，苔薄黄，脉洪数。

证机概要：肺脏燥热，津液失布。

治法：清热润肺，生津止渴。

代表方：消渴方。

（2）中消（胃热炽盛证）。

主要表现：多食易饥，口渴，尿多，形体消瘦，大便干燥，苔黄，脉滑实有力。

证机概要：胃火内炽，津液耗伤。

治法：清胃泻火，养阴增液。

代表方：玉女煎。

（3）中消（气阴亏虚证）。

主要表现：口渴引饮，能食与便溏并见，或饮食减少，精神不振，四肢乏力，体瘦，舌质淡红，苔白而干，脉弱。

证机概要：气阴不足，脾失健运。

治法：益气健脾，生津止渴。

代表方：七味白术散。

（4）下消（肾阴亏虚证）。

主要表现：尿频量多，浑浊如脂膏，或尿甜，腰膝酸软，乏力，头晕耳鸣，口干唇燥，皮肤干燥，瘙痒，舌红苔少，脉细数。

证机概要：肾阴亏虚，肾失固摄。

治法：滋阴固肾。

代表方：六味地黄丸加减。

（5）下消（阴阳两虚证）。

主要表现：小便频数，浑浊如膏，甚至饮一溲一，面容憔悴，耳轮干枯，腰膝酸软，四肢欠温，畏寒肢冷，阳痿或月经不调，舌淡苔白而干，脉沉细无力。

证机概要：阴损及阳，肾阳衰微，肾失固摄。

治法：滋阴温阳，补肾固涩。

代表方：金匮肾气丸。

3. 护理服务

（1）常见护理诊断：

1）营养失调：低于机体需要量，与缺乏饮食知识有关。

2）个人应对能力低下：与产生糖尿病的并发症有关。

3）知识缺乏：与未接受相关健康教育有关。

4）潜在并发症：酮症酸中毒，与胰岛素治疗中断或不当，饮食因素、应激有关。

5）有感染的危险：与糖尿病易合并感染有关。

（2）护理措施：

1）严密观察和记录患者的生命体征，意识，24小时出入量，评估皮肤弹性及黏膜干燥程度。

2）定时检测血糖、尿酮、血电解质和血渗透压等的变化。

3）定时翻身拍背，防止呛咳，防止压力性损伤的发生。

4）注意保持口腔清洁干燥，防止口腔内感染的形成。

5）糖尿病足的护理：每天清洁换药。

6）皮肤护理：指导患者进行皮肤保健，避免皮肤抓伤、刺伤或其他伤害，皮肤受伤后应立即治疗，如伤口不愈合或已发生感染应立即就医。

4. 照护服务

（1）忌烟、酒，注意足部卫生，是预防糖尿病足的根本措施。

（2）定时协助患者进行皮肤护理，定时协助翻身，预防压力性损伤。

（3）及时更换衣物及保持床单元的清洁整洁。

5. 支持服务

（1）营养支持：合理控制摄入的总能量，饮食中蛋白质、脂肪、碳水化合物的比例合理，食物多样化；注意补充足够的膳食纤维和微量营养素，合理安排餐次，饮食清淡，少油少盐；个体化糖尿病饮食治疗的原则，合理控制总能量，能量以达到或维持理想体重为宜。

（2）安宁疗护：①身体照护；②心理支持及关怀，关心关爱患者，帮助患者疏导心理压力，缓解疾病带来的身体压力，认真倾听患者意见。

(3) 长期照护保险服务：根据患者的病情情况，向符合条件的患者及介绍长期照护保险申请程序，减轻患者的家庭负担。

(二) 稳定期

1. 医养结合机构

(1) 医疗服务。

医护人员 24 小时值班和提供急诊救护服务。

医生、护士定期巡诊患者并做好巡诊记录。

定期进行老人健康体检、健康风险与综合能力评估（具体各类评估表见相关章节）。

为老人建立健康档案，将门诊、会诊、转诊等医疗服务记录纳入档案管理，及时更新老年人相关信息。

稳定期的药物治疗：①药物选择遵循个体化治疗原则。②指导合理饮食，适量运动。

(2) 护理服务。

护理措施：

密切观察血糖变化，了解患者有无感觉异常，注意检查局部皮肤，有无咳嗽咳痰，有无腹痛及排尿异常。

正确执行医嘱，准时（餐前、餐中、餐后）准量给予口服降糖药，并观察药物的作用与不良反应。

注射胰岛素时剂型、剂量、时间要准确，注意轮换注射部位。同时观察患者有无低血糖的表现。

遵医嘱控制摄入总能量，使患者了解饮食与治疗的关系，遵守饮食规定，注意定时、定量、定质，禁食各种甜食。每周定期测量体重，了解饮食是否符合治疗标准。

(3) 照护服务。

1) 生活照护：帮助老人进食、洗脸、梳头，进行日常生活护理等。

2) 清洁与清洗服务：整理床单元，协助如厕，预防压力性损伤，及时为老人增添衣物。

3) 身体护理：协助卧床老人翻身，指导预防压力性损伤，实施口腔护理及会阴护理等特殊服务。处理大小便，保持其皮肤清洁干燥。

4) 整理个人卫生：为老人剪指甲、剃胡须、理发等。

(4) 支持服务。

1) 营养支持：实行个体化营养支持，避免摄入能量过多或不足，可根据不同的患者和病情，选择可使血糖和血脂控制在最佳状态的营养方式、营养配方、输入方法和剂量。消除因高血糖，脂肪、蛋白质代谢紊乱等引起的各种症状，避免各种急慢性并发症的发生。

2) 安宁疗护：①身体照护，对患者存在的问题及时干预，减轻患者的痛苦。②心理支持及关怀，陪伴老人，进行心理护理，鼓励其积极面对生活。

2. 居家或社区服务机构

(1) 医疗服务(签约机构)。

定期开展医疗巡诊,每年一次健康体检。

定期进行健康风险与综合能力评估。

提供健康指导。

(2) 护理服务。

1) 健康宣教:告知老人控制血糖及饮食的注意事项,指导正确的服药及胰岛素治疗。

2) 开展糖尿病社区预防:关键在于筛查出 IGT 人群,并进行干预性健康指导。

3) 指导患者学习和掌握监测血糖、血压、体质指数的方法,了解糖尿病的控制目标。

4) 指导糖尿病足的预防和护理知识。

5) 对有需求的失能老人进行压力性损伤部位的换药与护理、管道护理等。

(3) 照护服务。

指导患者及家属生活技能,如大小便处理。

(4) 支持服务。

1) 营养支持:定期指导营养膳食,强调控制总能量,定时、定量进餐,合理加餐,严格控制各种甜食,多吃含纤维素多的清淡食物,避免饮酒。每天食盐摄入<6g,少吃动物内脏、蟹黄、虾子、鱼子等含胆固醇高的食物。

2) 心理支持及关怀:给予心理辅导与人文关怀,帮助患者建立治疗疾病的信心。

五、效果评价

对相关指标(如饮食、睡眠、精神状态、血糖情况及伴随症状改善等)进行评价。病情平稳,相关症状得到有效改善,则继续按照以上相关措施进行干预;病情加重,相关症状未改善,由团队管理人员会诊后,提出转诊或改变干预方案,实施进一步的干预和管理。

六、预防保健

(一) 一级预防

(1) 合理膳食,三餐规律。控制总能量的摄入,清淡饮食、低脂少油、少糖少盐,定时、定量进餐。

(2) 适量运动,控制体重。防止肥胖,低强度、持续时间长的运动有慢跑、游泳。避免久坐不动,争取每周至少五天,每天进行 30 分钟以上的中等强度运动。将体质指数控制在 24 以下。

（二）二级预防

做到早发现、早诊断与早治疗，规律用药，防止并发症。做好血糖监测，在医生的指导下做好药物剂量的调整，控制好血糖水平，避免低血糖等并发症的发生。

（三）三级预防

既病防变，饮食规律、适量运动；严格控制好血糖，防止并发症加重，防止低血糖事件的发生。

第六节 恶性肿瘤

一、概述

恶性肿瘤是一种严重影响人类健康的疾病。当身体内细胞发生突变成为肿瘤细胞，它们会不断地分裂增殖，不再受身体控制。恶性肿瘤的细胞能侵犯、破坏邻近的组织和器官，而且可从肿瘤中穿出，进入血液或淋巴循环，从原发的部位到其他部位，形成新的肿瘤，这个过程叫作肿瘤转移。多数恶性肿瘤是根据他们起源的器官或细胞类型来命名的。人们通常说的癌症包括了恶性肿瘤和血癌。中国常见的恶性肿瘤为肺癌、胃癌、结直肠癌、肝癌和女性乳腺癌等，排名前10恶性肿瘤新发病例约占全部恶性肿瘤新发病例的76.70%。肺癌、肝癌、胃癌、食管癌和结直肠癌等排名前10位肿瘤所致死亡病例约占全部恶性肿瘤死亡病例的83.00%。

因为各项生理功能的减退，老年肿瘤患者在肿瘤治疗方面需要根据不同情况制订不同的治疗方案，常采取的治疗方式包括：外科手术治疗、局部放射治疗、全身化学治疗、靶向治疗、中医中药治疗、生物治疗、全身支持等多学科治疗。另外，由于绝大多数恶性肿瘤预后较差，姑息治疗逐渐被大众所接受。但个体化的治疗往往需要了解老人的治疗意愿，同时也要权衡治疗获益和可能的风险。

二、主要临床表现

恶性肿瘤的症状主要与肿瘤原发病灶有关，如肺癌主要出现刺激性咳嗽、胸痛、咳血、呼吸困难等；食管癌主要出现进行性吞咽困难和胸痛等。肿瘤如果出现转移会发生转移部位的疼痛，晚期肿瘤患者会出现恶病质等。恶性肿瘤患者还会表现出全身性的症状，比如乏力、贫血、低热、消瘦，如果恶性肿瘤影响患者摄入营养，或者并发感染、出血等，还可能会出现更明显的全身症状。这是由于肿瘤生长速度过快、消耗能量过多，加上患者进食量减少、消化吸收不良导致的。

三、综合评估

(一) 医疗风险评估

评估是症状处理的前提。医疗风险评估对了解病人情况起到了重要作用,通过各种量表,医生能较好地量化病情,从而选择适宜的治疗方案或护理方法服务老人。肿瘤患者常用的量表包括:生存期评估、KPS 评估、疼痛评估、衰弱评估、营养状况评估等量表。如患者确诊恶性肿瘤无临床症状则评定为 1、2 级,如合并营养不良、疼痛、衰弱则评定为 3、4 级。

(二) 护理风险评估、健康风险定级、综合能力评估与综合等级评定

参照第三章第三节第三点相关评估表内容进行评定。

四、实施医养结合服务

依据评估等级,按不同的服务项目与频次实施分级医养服务。

(一) 急性期

急性期患者应在医疗机构或医养结合机构接受医疗及护理等服务。

1. 医疗服务

(1) 资料采集:临床医生询问病史(包括不适症状的性质,发作、持续时间,伴随的症状,加重或缓解的因素,既往诊治经过等),吸烟、饮酒情况,职业、家族史,安排体格检查、实验室检查(血常规、尿常规、大便常规、肝功能、肾功能、肿瘤标志物)、影像学检查(CT、MRI、超声、钡餐 X 线摄影),以及组织病理学检查等进行诊断。病理学检查是诊断恶性肿瘤的金标准。

(2) 分级分型:临床医生通过对上述资料的综合分析,对恶性肿瘤进行分期和分型。同时评定患者的综合等级。

(3) 规范治疗:老年患者恶性肿瘤的治疗方法与普通一样,除了需要根据恶性肿瘤分期、分型选择外科手术治疗、放射治疗、化学治疗、靶向治疗、中医中药治疗、生物治疗、全身支持等多学科治疗方法以外,还需要进行以症状控制为主的安宁疗护。安宁疗护中包括早期的疼痛控制、营养支持、心理疏导,以及终末期的临终关怀,对患者的死亡教育、心灵关怀,对家属的哀伤辅导。

2. 护理服务

(1) 常见护理诊断。

1) 呼吸道无效腔:与患者肺不张、肺换气功能障碍有关。

2) 知识缺乏:缺乏自我护理有关知识。

3）焦虑、恐惧：与担心疾病预后有关。

4）潜在并发症：出血、感染、肺不张、肺气肿。

5）皮肤完整性受损：与长期卧床有关。

6）疼痛：与癌细胞浸润、肿瘤压迫或转移有关。

（2）护理措施。

1）急性期嘱患者卧床休息，家属陪护。避免组织长期受压，定时协助翻身，减少局部组织压力，鼓励和协助患者经常更换卧位，一般每2小时翻身1次，必要时1小时翻身1次。

2）雾化吸入和背部叩击协助患者排痰。必要时机械辅助吸痰，每次吸痰时间不要超过15秒，两次抽吸时间大于3分钟，动作轻柔迅速。

（3）药物护理。

遵医嘱按WHO推荐的癌症三阶梯止痛原则正确选择止痛药，首先选用非麻醉药，然后由弱至强。患者疼痛明显时应及早使用有效的药物治疗，同时注意观察药物的不良反应。

3. 照护服务

给予患者半坐卧位，以利于气体交换。给予患者吸氧，观察氧疗效果。

患者可以自行进食时要鼓励其经口进食，不能自行进食时可采用鼻饲等肠内营养或肠外营养的方式进行营养治疗。

为患者提供良好而安静的休养环境，患者疼痛多在夜间加重，因此要设法保证其睡眠以减轻疼痛。病房温、湿度适宜，夜间灯光柔和，关大灯，开地灯，减少因外界不良刺激而致其疼痛加重。

4. 支持服务

（1）营养支持。

肿瘤患者应科学安排合适自身病情的饮食。总的来讲，肿瘤患者应该掌握以下五大营养原则：

1）注意膳食平衡：膳食平衡是维持机体免疫力的基础，普通食物是机体摄取营养素的最好来源，对于存在营养不良等临床情况的患者应进行个体化的营养治疗。

2）食物多样化、搭配合理化：要保证摄取营养的均衡全面，每日食物的多样化是必需的，即饮食应按照中国居民平衡膳食宝塔展示的五大类食物的比例进行搭配。

3）少量多餐、吃清淡易消化的食物：对于放、化疗及手术后的患者，由于消化功能减弱，增加进餐次数可以达到减轻消化道负担，同时增加食物摄入量的目的。

4）不宜过多忌口：忌口应根据病情、病性和不同个体的特点来决定，不提倡过多的忌口。一般患者需限制或禁忌的食物有油炸、烟熏、烧烤、辛辣刺激、油腻生硬的食物等。

5）多选择具有抗癌功效的食物：多吃蔬果类（如芦笋、胡萝卜、菠菜、西红柿、薯类、猕猴桃等）、大豆及其制品类、食用菌、坚果、海藻类、薏米、牛奶、鸡蛋等食物。

（2）心理支持及关怀。认真倾听患者，教会患者正确描述疼痛的程度及转移注意力的技巧，帮助患者找出适宜的减轻疼痛的方法。消除恐惧，与家属沟通配合做好患者的心理护理。

（3）安宁疗护。由多学科服务团队对患者的病情、疼痛、其他症状、治疗方式和不良反应，以及现有的功能状态进行持续全面的评估和干预，进行舒适照护、心理慰藉服务。

（4）长期照护保险服务。根据患者病情情况，向符合条件的患者及家属介绍长期照护保险申请流程，减轻患者家庭负担；申请成功后按照服务包项目与内容实施服务。

（二）稳定期

1. 医养结合机构

（1）医疗服务。

做好日常巡查与健康档案管理。

定期检查疾病相关指标，根据检查情况调整治疗方案、用药品种及剂量等。

指导老年人进行自我健康管理。

（2）护理、照护与支持服务。

参照急性期的相关服务内容进行管理。

2. 居家或社区服务机构

（1）医疗服务（签约机构）。

根据临床医生的健康处方、药品处方，嘱患者或家属遵医嘱用药，定期上门随访或到医疗机构随访。

在患者出现不适症状时，签约医生上门或患者到机构接受治疗。评估病情是否需要转至医养结合或者专科医院进一步治疗。

（2）护理服务。

1）为带管道的患者定期维护、更换管道，导尿管每日消毒2次。注意观察引流液的颜色、性状及量，保持管道的固定通畅。

2）每日监测患者血压变化，分发口服药。

3）定时为患者翻身拍背，预防压力性损伤及肺部感染。

4）对出现压力性损伤的患者积极给予换药治疗。

5）指导患者适当进行体育锻炼，提高身体素质，改善情绪。

6）预防肿瘤并发症和复发：经过治疗的肿瘤患者住院继续进行术后的放疗、化疗时，应积极预防由此引起的并发症。并协助患者定期复查。

7）心理护理：注意疏导患者，帮助其保持平静和乐观的情绪。

8）指导患者注意营养，给予饮食指导。

（3）照护服务。

1）生活照护：帮助老人梳头、洗手、洗脸、洗脚、进餐（管喂）、加餐等。

2）清洁与清洗服务：按需换洗床单、衣服，床上擦浴，及时为老人增添、更换衣物。

3）身体护理：对卧床患者提供大小便护理、人工通便、口腔护理、尿道口及肛周护理、定时翻身、气管切开等特殊护理。

4）整理个人卫生：为老人刮胡子、剪指甲、理发等。

5）指导患者家属学习生活照护技能：如翻身、拍背技巧，大小便处理方法。

（4）支持服务。

1）营养支持：设计合理的膳食结构，给予肿瘤患者高能量、高蛋白、高维生素、低脂肪饮食，如蛋、乳类、肉类等，保证充足营养素的摄入。鼓励患者多食蔬菜、水果，如香菇、猕猴桃。食物不必过精、过细。放疗、化疗期间患者常有厌食、恶心、呕吐等不良反应，此时应指导其少食多餐，摄入容易消化的食物；不要摄入过甜、辛辣、油腻的食物。当恶心、呕吐严重时，餐前可给予止吐药。饭菜要尽量色香味形俱全，种类多样，合乎患者的口味，尽量维持从前的进食习惯。

2）安宁疗护：①身体照护，对患者存在的症状积极进行控制，减轻患者痛苦。②心理支持及关怀：倾听患者，教会患者正确描述疼痛的程度及转移注意力的方法，帮助患者找出适宜的减轻疼痛的方法。消除恐惧，与家属沟通配合做好患者的心理护理。

（5）长期照护保险服务：由照护人员按照长期护照险要求落实好相应服务内容。

（6）中医药服务。

本病的中医病名为癌病，其形成虽有多种原因，但其基本病理变化为正气内虚，气滞、血瘀、痰结、湿聚、热毒等相互纠结，日久积滞而成有形之肿块。根据中医辨证，可以根据不同肿瘤类型进行分证型论治。

【肺癌】

①瘀阻肺络证。

主要表现：咳嗽不畅，胸闷，胸痛有定处，如锥如刺，或痰血暗红，口唇紫黯，舌质黯或有瘀斑瘀点，苔薄，脉细弦或细涩。

证机概要：气滞血瘀，闭阻于肺。

治法：行气活血，散瘀消结。

代表方：血府逐瘀汤。

②痰湿蕴肺证

主要表现：咳嗽，咳痰，憋闷，痰质黏稠，痰白或黄白相间，胸闷胸痛，纳呆，便溏，神疲乏力，舌质淡，苔白腻，脉滑。

证机概要：脾湿生痰，痰湿蕴肺。

治法：健脾燥湿，行气祛痰。

代表方：二陈汤合栝蒌薤白半夏汤。

③阴虚毒热证

主要表现：咳嗽，无痰或少痰，或痰中带血，甚则咯血不止，胸痛，心烦寐差，低热盗汗，或热势壮盛，久稽不退，口渴，大便干结，舌质红，苔黄，脉细数或数大。

证机概要：肺阴亏虚，热毒炽盛。

治法：养阴清热，解毒散结。

代表方：沙参麦冬汤合五味消毒饮。

④气阴两虚证

主要表现：咳嗽，痰少或痰稀，咳声低弱，气短喘促，神疲乏力，面色㿠白，形瘦恶风，自汗或盗汗，口干少饮，舌质红或淡，脉细弱。

证机概要：气虚阴伤，肺痿失用。

治法：益气养阴。

代表方：生脉散合百合固金汤。

【肝癌】

①肝气郁结证。

主要表现：右胁部胀痛，右胁下肿块，胸闷不舒，善太息，纳呆食少，时有腹泻，舌苔薄腻，脉弦。

证机概要：肝气不舒，气机郁结。

治法：疏肝健脾，活血化瘀。

代表方：柴胡疏肝散。

②气滞血瘀证。

主要表现：右胁疼痛较剧，如锥如刺，入夜更甚，甚至痛引肩背，右胁下结块较大，质硬拒按，或同时见左胁下肿块，面色萎黄，倦怠乏力，脘腹胀满，甚至腹胀大，皮色苍黄，脉络暴露，纳差，大便溏结不调，舌质紫黯，有瘀斑瘀点，脉弦涩。

证机概要：气滞血瘀，结为肿块，不通则痛。

治法：行气活血，化瘀消积。

代表方：复元活血汤。

③湿热聚毒证。

主要表现：右胁疼痛，甚至痛引肩背，右胁部结块，身黄目黄，口干口苦，心烦易怒，食少厌食，腹胀满，便干溲赤，舌质红，苔黄腻，脉弦滑或滑数。

证机概要：湿邪化热，聚而为毒。

治法：清热利胆，泻火解毒。

代表方：茵陈蒿汤。

④肝阴亏虚证。

主要表现：胁肋疼痛，胁下结块，质硬拒按，五心烦热，潮热盗汗，头晕目眩，纳差，腹胀大，甚则呕血、便血、皮下出血，舌红少苔，脉细而数。

证机概要：阴血暗耗，肝阴亏虚。

治法：养血柔肝，凉血解毒。

代表方：一贯煎。

【大肠癌】

①湿热郁毒证。

主要表现：腹中阵痛，便中带血或黏液脓血便，里急后重，或大便干稀不调，肛门灼热，或有发热、恶心、胸闷、口干、小便黄，舌质红，苔黄腻，脉滑数。

证机概要：肠腑湿热，灼血为瘀，热盛酿毒。

治法：清热利湿，化瘀解毒。

代表方：槐角丸。

②瘀毒内阻证。

主要表现：腹部拒按，或腹内结块，里急后重，便脓血，量多，烦热口渴，面色晦暗，或有肌肤甲错，舌质紫黯或有瘀斑瘀点，脉涩。

证机概要：瘀血内结，瘀滞化热，热毒内生。

治法：活血化瘀，清热解毒。

代表方：膈下逐瘀汤。

③脾肾双亏证。

主要表现：腹痛喜温喜按，或腹内结块，下利清谷或五更泄，或见大便带血，面色苍白，少气无力，畏寒肢冷，腰膝酸冷，苔薄白，舌质淡胖，边有齿痕，脉沉细弱。

证机概要：脾肾气虚，气损及阳。

治法：温阳益精。

代表方：大补元煎。

④肝肾阴虚证。

主要表现：腹痛隐隐，或腹内结块，便秘，大便带血，腰膝酸软，头晕耳鸣，视物昏花，五心烦热，口咽干燥，盗汗，遗精，月经不调，形瘦，纳差，舌红少苔，脉弦细数。

证机概要：肝肾阴伤，阴虚火旺。

治法：滋肾养肝。

代表方：知柏地黄丸。

六、效果评价

对相关指标（如饮食、睡眠、精神状态、疼痛及其他不适症状改善等指标）进行评价。病情平稳，相关症状得到有效改善，则继续按照以上相关措施进行干预；病情加重，相关症状未改善，由团队管理人员会诊后，提出转诊或改变干预方案，实施进一步的干预和管理。

七、预防保健

（一）一级预防

（1）调整生活方式，保持良好的心态及充足的睡眠，避免吸烟、酗酒等不良嗜好。

（2）保护环境，避免接触易致癌物质。

（3）防治慢性基础疾病。

（4）饮食与营养，食物多样化，避免偏食，注意补充多种营养物质；不吃霉变食物；少吃熏制、腌制、富含硝酸盐和亚硝酸盐的食物，多吃新鲜蔬菜、水果，少吃或不吃辛辣、高脂肪食物。

（5）适当参加体育运动，进行中等运动量的锻炼，失能者可由护理人员协助指导，进行肢体功能锻炼和按摩。

（二）二级预防

定期体检，早期发现并处理早期癌症或癌前病变；及时阻止或者延缓肿瘤的发生及进展。

（三）三级预防

加强肿瘤规范化治疗和科学管理。

营造舒适轻松的生活环境，加强与患者的沟通和对患者的情绪引导，使患者保持轻松愉悦的心情，建立规律的作息习惯。

第七节 骨质疏松症

一、概述

骨质疏松症是一种代谢性骨病，是以骨量减少和骨组织的细微结构破坏导致骨脆性和骨折危险性增加为特征的慢性进行性疾病。该病可发生于不同性别和任何年龄，但多见于绝经后妇女和老年男性。骨质疏松症分为原发性和继发性两大类。原发性骨质疏松症又分为绝经后骨质疏松症（Ⅰ型）、老年性骨质疏松症（Ⅱ型）和特发性骨质疏松症（包括青少年型）3种。绝经后骨质疏松症一般发生在妇女绝经后5~10年内；老年性骨质疏松症一般指老人70岁后发生的骨质疏松症；继发性骨质疏松症指由任何影响骨代谢的疾病或药物所致的骨质疏松症。

二、主要临床表现

骨质疏松症的主要临床表现包括：

（1）骨痛与肌无力：以腰背部疼痛多见，也可出现全身骨痛，疼痛呈弥散性。常在姿势改变时、长时间行走后、夜间或负重活动时加重。患者容易疲劳，负重能力下降甚至无法负重。

（2）骨折：在轻微外伤或日常活动时容易出现骨折，多发部位为脊柱，其次为髋部、前臂远端，其他部位如肋骨、跖骨、骨盆等。骨折发生后，再次骨折的概率明显提升。

（3）脊柱变形：严重骨质疏松症引起的椎体压缩性骨折可导致身高变矮、驼背等脊柱畸形，甚至影响心肺功能。严重的腰椎压缩性骨折，也会牵连到腹部脏器，引起便秘、腹胀等。

三、综合评估

（一）医疗风险评估

患者如为出现骨痛、肌无力，通过 X 线摄影或骨密度检查发现的骨质疏松症，则评定为 1、2 级；如为骨质疏松症引起的脆性骨折或骨质疏松症引起的压缩性骨折，则评定为 3、4 级。

（二）护理风险评估、健康风险定级、综合能力评估与综合等级评定

参照第三章第三节第三点相关评估表内容进行评定。

四、实施医养结合服务

依据评估等级，按不同的服务项目与频次实施分级医养服务。

（一）急性期

1. 医疗服务

（1）资料采集：临床医生询问病史（包括疼痛的部位或范围、程度，发作、持续时间，伴随的症状，加重或缓解的因素，既往诊治经过等），吸烟、饮酒情况，职业、家族史，安排体格检查、实验室检查（血常规、尿常规、大便常规，肝功能、肾功能、电解质、骨钙素、羟脯氨酸、总碱性磷酸酶）、影像学检查（骨 X 线摄影）、骨密度测量。双能 X 线吸收法是目前国际学术界公认的骨质疏松症诊断的金标准。

（2）分型：临床医生通过上述资料进行综合分析，将骨质疏松症分为原发性和继发性两大类。

（3）规范治疗：

1）调节生活方式。进食富含钙及蛋白质的食物，避免喝咖啡、浓茶、碳酸饮料，戒烟。多进行户外运动锻炼。保证充足的日晒。

2）骨健康补充剂。补充钙剂，推荐每日补充 600~900mg。补充维生素 D，老人推荐每日补充 400~800IU。

3）使用抑制骨吸收的药物。双膦酸盐类（阿仑膦酸钠、唑来膦酸等）；降钙素类（鲑鱼降钙素、鳗鱼降钙素）；选择性雌激素受体调节剂（雷洛昔芬）；雌激素类。

4）使用促进骨形成药物：人 PTH1-34 等。

5）使用具有抑制骨吸收和促进骨形成双重作用的药物，如雷奈酸锶。

2. 护理服务

（1）常见护理诊断：

1）有受伤的危险：与骨质疏松有关。

2) 躯体活动障碍：与骨痛引起的活动有关。

3) 疼痛：与骨质疏松和肌肉疲劳痉挛有关。

4) 营养失调：低于机体需要量，与摄入饮食中钙、蛋白质和维生素 D 不足有关。

5) 知识缺乏：缺乏对疾病相关知识的了解，与患者受教育程度和科普教育参与度有关。

（2）护理措施：

1) 急性期严格卧床休息，不睡软床，保持脊柱的平直，改变体位时动作应缓慢，注意预防跌倒。

2) 观察疼痛的部位、性质、间隔时间等。

3) 观察有无身长缩短、驼背。

4) 了解患者有无呼吸功能下降。老年患者多数有不同程度的肺气肿，肺功能随着增龄而下降，若再加骨质疏松症所致胸廓形，往往可出现胸闷、气短。

3. 照护服务（适用于失能老人）

（1）帮助老人勤翻身、拍背，保持皮肤清洁干燥，防止压力性损伤的发生。

（2）更换衣物及整理床单元，保持床单元整洁。

（3）带管道的患者应保持管路通畅固定，防止管道滑脱。

4. 支持服务

（1）营养支持：注意增加营养，重视蛋白质、维生素（特别是维生素 D）和钙、磷的补充，改善膳食结构，多摄入富含钙的食物，如可多喝牛奶、骨头汤，多吃豆制品、水果及新鲜蔬菜等。

（2）安宁疗护：①身体照护，由多学科服务团队对患者的病情、疼痛、治疗方法和副作用进行全面的评估，制订合理的照护计划。②心理支持及关怀，心理护理，理解尊重患者，做到关心、耐心、细心，与患者建立良好的护患关系。认真倾听患者的感受，了解他们的心理活动和生活情况，对有心理问题的患者给予开导，帮助他们纠正心理失衡状态，鼓励他们参加社交活动，适当娱乐、听音乐、冥想，使情绪放松以减轻疼痛。

（3）长期照护保险服务：根据患者的病情，向符合条件的患者及家属介绍长期照护险的申请流程，以减轻患者及家属的家庭负担。

（二）稳定期

1. 医养结合机构

（1）医疗服务。

医护人员 24 小时值班和提供急诊救护服务。

医生、护士定期巡诊并做好巡诊记录。

定期进行老年人健康体检，进行健康风险与综合能力评估。

建立健康档案，将门诊、会诊、转诊等医疗服务记录纳入档案管理，及时更新老人健康相关信息。

协助老人进行稳定期的药物治疗。

(2) 护理服务。

1) 正确使用钙剂，服用时多饮水，增加尿量，减少泌尿系统结石的形成。

2) 保证住院环境的安全，加强巡视，避免跌倒的发生。

3) 卧床休息，腰背部疼痛患者使用护腰带，给予局部红外线理疗、热敷，必要时给予药物止痛。

(3) 照护服务。

1) 生活照护：帮助老人洗手、洗脚、洗脸、进餐等。

2) 清洁与清洗服务：为老人更换床单元、衣物，为老人增减衣物。

3) 身体护理：对于长期卧床的老人提供大小便护理，进行床上擦浴，定时协助翻身，保持皮肤清洁。

4) 整理个人卫生：为老人剪指甲、剃胡须、理发等。

(4) 支持服务。

1) 营养支持：钙有广泛的食物来源，通过膳食补充达到最佳钙摄入量是首选的方法。在饮食上要注意合理配餐，烹调时间不宜过长。主食以米、面、杂粮为主，做到品种多样，粗细合理搭配。副食应多吃含钙和维生素D的食物，含钙的食物有奶类、鱼、虾、海产品、豆类及其制品、鸡蛋、燕麦片、坚果类、绿叶蔬菜及水果。对胃酸分泌过少者在食物中放入少量醋，以增加钙的吸收。含维生素D多的食物有鱼类、蘑菇类、蛋类等。

2) 安宁疗护：①身体照护，对患者存在的症状进行及时干预，减轻痛苦。②心理支持及关怀，及时发现患者心理问题，鼓励患者及家属勇敢面对生活。

3) 长期照护保险服务：按照长期照护保险服务包做好相应服务。

(5) 中医药服务。

本病的病机与肝、脾、肾等直接相关，由于肾为先天之本，脾为后天之本，因此依据症状进行中医辨证治疗。

肝肾亏虚的患者，补肝肾，强筋骨，常用方剂有虎潜丸；脾肾阳虚的患者，温补肾阳，常用方剂有肾气丸加味。另外，骨质疏松症患者易夹瘀，所以应配合活血化瘀的药物。肾阳亏虚的患者，用右归丸，肾阴不足的患者，用左归丸，其主要作用是补益肝肾，强筋骨，且有活血化瘀的功效。

2. 居家或社区服务机构

(1) 医疗服务（签约机构）。

临床医生开具健康处方、药品处方，做好上门或医疗机构随访工作。

老人出现不适症状及时与社区养老服务中心联系，中心安排专业人员进行诊治。评估病情是否需要转至医养结合机构或者专科医院进一步治疗。

(2) 护理服务。

1) 健康宣教：戒烟，戒酒，酗酒可致骨质疏松症，吸烟过多则增加血液酸度。

2) 指导老年人经常进行适当体育锻炼，如散步、走路、太极拳、健身操、慢跑及游泳等。

3) 避免发生骨折：户外活动、外出、夜间起床应加倍小心，避免受伤，以免引起骨折。一旦发生骨折，即需卧床休息，并用夹板或支架妥善固定，及时送往医院医治。

（3）照护服务。

老年人因肌力减退、平衡功能较差、机体反应慢和视力减退等，易发生跌倒。预防跌倒应注意以下几个方面：①避免环境危险因素，如光线暗、路上障碍物、地毯松动、卫生间缺乏扶手、路面湿滑。②避免健康危险因素，如年龄、女性、心律失常、视力差、应激性尿失禁、既往跌倒史、直立性低血压、行动障碍、服用药物（如睡眠药、抗惊厥药及影响精神药物等）、久坐、缺乏运动、抑郁症、精神和认知功能障碍、营养不良等。③注意神经肌肉因素，如平衡功能差、肌肉无力、驼背、感觉迟钝。

（4）支持服务。

1）营养支持：指导进行适度锻炼，有助于保持骨量。其中，牛奶和酸奶含钙量高，每 500 毫升含钙 540 毫克，可以每天喝 1000 毫升牛奶。减少影响钙吸收的食物与药物的摄入。

2）长期照护保险服务：按照长期照护保险服务包做好相应服务。

五、服务效果评价

对相关指标（如饮食、睡眠、精神状态、疼痛及其他不适症状改善等）进行评价。病情平稳，相关症状得到有效改善，则继续按照以上相关措施进行干预；病情加重，相关症状未改善，由团队管理人员会诊后，提出转诊或改变干预方案，实施进一步的干预和管理。

六、预防保健

（一）一级预防

均衡膳食，多吃富含钙、低盐和适量蛋白质的食物。

注意适当户外活动，保证充足的日晒（卧床老年人可将床移到户外接受日晒），参与有助于骨骼健康的体育锻炼和康复治疗。

避免嗜烟、酗酒，慎用影响骨代谢的药物等。

采取防止跌倒的各种措施，如注意是否有增加跌倒危险的疾病和药物，加强环境中的保护措施（包括各种关节保护器）等。

（二）二级预防

早期筛查、早期干预，及时治疗，配合钙剂的补充与适当户外活动。

（三）三级预防

应积极遵医嘱服用药物治疗，定期检测骨密度，避免外伤、跌倒，如有骨折应积极治疗。

第八节 阿尔茨海默病

一、概述

阿尔茨海默病（Alzheimer's disease，AD）俗称老年性痴呆，是一种进行性发展的神经系统退行性疾病，临床表现为认知和记忆功能不断恶化，日常生活能力进行性减退，并有各种神经精神症状和行为障碍。其发病率随年龄增长逐渐增高，流行病学调查显示：65岁以上老人阿尔茨海默病的发病率约5%，65岁以上老年人年龄每增加5岁，其发病率就会增加1倍，85岁以上的老人中20%~50%患有阿尔茨海默病。

该病发病通常与下列因素有关：家族史；某些躯体疾病，如甲状腺疾病、免疫系统疾病、癫痫等；头部外伤；其他因素。

二、主要临床表现

本病起病隐匿，主要表现为持续性进行性的认知和行为障碍。病程可大致分为三期：早期（轻度）、中期（中度）、晚期（重度）。

（一）记忆障碍

记忆障碍是早期典型的首发征象，症状轻微时容易被患者及家属忽略，主要表现为逐渐发生的记忆障碍，当天发生的事不能回忆。

（二）认知障碍

认知障碍是本病的特征性临床表现，在中期，随着病情进展逐渐出现，主要表现为掌握、熟练运用新知识及社交能力下降，并随时间的推移而加重，逐渐出现语言障碍和生活部分不能自理。

（三）精神障碍

在晚期，患者伴随有思维、心境、行为等精神障碍，生活完全无法自理，需他人照料，虽可行走，但为无目的地徘徊，可能出现判断、认知的完全丧失，常见出现幻觉和幻想、失眠。精神症状包括抑郁、表情淡漠或失控、焦躁不安、兴奋和欣快等。

（四）检查时患者表现

检查时患者表现为坐立不安、易激动、少动、个人卫生差等，中晚期可出现迈小碎步、平衡障碍等，部分患者可出现癫痫发作和帕金森病。

三、综合评估

(一) 医疗风险评估

患者出现中晚期记忆障碍逐渐加重,伴认知障碍,以及精神障碍等,则医疗风险评定为3、4级;患者出现早期单纯记忆减退,无其他伴发症状,则医疗风险评定为1、2级。

(二) 护理风险评估、健康风险定级、综合能力评估与综合等级评定

参照第三章第三节第三点相关评估表内容进行评定。

四、实施医养结合服务

依据评估等级,按不同的服务项目与频次实施分级医养服务。阿尔茨海默病的最终确诊有赖于脑组织病理学检查,但临床一般依据患者详细的病史、临床症状、精神量表检查等即可诊断。根据临床症状,患者可进行相应医学辅助检查,检查项目有:血常规、血液生化检查、脑脊液检查、脑电图、头颅CT、头颅MRI、神经心理学测验、脑组织病理活检等。

阿尔茨海默病是一个缓慢发展、病情逐渐加重并不断恶化的疾病。目前尚无有效治疗手段能够阻止或者逆转该病进展,故患者需要及早接受综合、全程干预式医养服务。

(一) 医养结合机构

1. 医疗服务

(1) 临床医生结合老年人病情的严重程度,决定门诊治疗或住院治疗。如需住院治疗,将老年人转至医养结合机构的住院病区,未设住院病区的机构或居家老年人转至医院神经内科住院病区;经治疗病情平稳转回生活托养区或转社区、家里康复。

(2) 管理目的:①对症治疗,控制症状和伴发的精神疾病;②益智或者改善认知功能障碍;③最大限度延缓老年人病情的进展。

(3) 治疗方法:采取对症支持治疗,以扩张血管、营养神经、抗氧化、心理社会干预、抗焦虑、抗抑郁、益智训练等为主。

(4) 医养结合机构需建立专门病情单元对AD患者开展集中统一的医养服务。

(5) 医护人员24小时值班和提供急诊救护服务。

(6) 医生、护士应该定期巡诊并做好巡诊记录。

(7) 定期开展健康体检,对老人进行健康风险与综合能力评估(具体各类评估表见相关章节)。

(8) 建立健康档案,将门诊、会诊、转诊等医疗服务记录纳入档案管理,及时更新老年人健康相关信息。

(9) 药物选择：根据老人实际病情严重程度决定是否需要遵循个体化治疗原则。

(10) 建立专业康复师队伍，对老人进行专业心理社会干预和日常生活能力训练等。

2. 护理服务

(1) 常见护理诊断：

1) 有走失的危险：与患者存在视空间障碍、记忆障碍有关。

2) 记忆障碍：与认知功能障碍导致记忆力下降有关。

3) 自理能力缺陷：与AD导致生活自理能力下降有关。

4) 潜在并发症：肺部感染、压力性损伤、外伤等。

(2) 急性期医疗护理措施：

1) 保持老人睡眠环境的安静、安全，房间湿度、温度合适。

2) 提供促进睡眠的措施，如睡前排尿、温水泡脚、背部按摩等。白天睡眠应控制在1小时左右，每天保证有6~8小时的睡眠，夜间不让老人单独居住，以免意外发生。

3) 协助老人保持轻松、愉快的心情。白天时段多为老人安排一些活动，注意睡觉前不要让老人过多活动，培养规律睡前活动的习惯。

4) 对严重失眠的老人按医嘱给予镇静药物辅助入睡。老人烦躁时，要给予床档保护，并轻声安慰。

5) 改善认知与记忆的护理：①温和地对待老人，在老人可以理解的水平说话。②可使用小便条、日历等提示物帮助助老人记忆事物。③可开展多感官刺激训练。④纠正老人知觉缺陷，如更换不适合的助听器、眼镜及义齿等。⑤引导和帮助有焦虑和抑郁情绪的老人倾诉内心感受，给予心理疏导，鼓励老人家属或朋友积极探望。

3. 照护服务

(1) 鼓励和指导老人自己穿脱衣物，告诉他们穿脱的方法和步骤。以弹性裤带取代皮带，衣裤质地舒适柔软、穿脱简单方便，衣服纽扣不能过小，长短要适度、合身，鞋子舒适、结实、防滑。

(2) 规律作息，每日按特定顺序安排老人日常生活。固定如厕时间，定时提醒排尿，建立规律排尿习惯。

(3) 实施综合娱乐疗法，如音乐、书法、绘画、写作等，给予个性化指导。提高老人生活独立性，督促老人自己料理生活。鼓励老人参加社会活动、回忆往事，尤其是让老人做有成就感的愉快事情，如翻看老相片等。在老人身上放置写有其身份信息的卡片，或让老人穿有养老院或机构标志的衣物，以防老人走失。

(4) 监控老人饮食，晚饭要吃容易消化的食物，不要吃得过饱。睡前不要大量饮水。

(5) 对于已经失能的老人，提供大小便清洗、人工通便、口腔护理、尿道口及肛周护理、膀胱冲洗、定时翻身、胃管注食等护理服务。

(6) 为老人洗脚、刮胡子、剪指甲、理发、清洗会阴部等，保持其全身清洁。

4. 支持服务

(1) 营养支持。

①评估老人的意识状态和吞咽功能，最好采取坐位或者半坐卧位进食。②提供舒

适、安静、光线充足的进餐环境，安排老人每天在相对固定的时间、地点和餐桌上用餐。③准备可口、合乎老人口味的食物和饮料，食物要易于消化，食物宜软，温度适中，不宜过热过冷，避免年糕、汤圆等不易消化的黏性食物，避免块状、带骨刺的食物，即使是蔬菜类也应切成小块小段。④准备老人容易持握、便于使用、防碎裂的餐具，餐具的颜色须有明显的区分。⑤鼓励老人自己进食，规定进食的量，指导老人最大限度发挥自己的进餐能力，老人进餐时不可催促，允许老人慢慢进食，进食中间可以适当地休息，切忌在吃饭时呵斥老人。⑥在老人需要帮助时及时提供帮助。对吞咽困难者，每次吞咽后检查口腔，确保食物全部咽下后再喂第二口食物。⑦进食中注意观察老人有无呛咳、气促，出现吞咽困难立即停止进食。⑧进食完毕后协助病人清洁口腔，以保持口腔的清洁舒适。⑨进食完毕后老人坐起30分钟到1小时，护理人员记录进食的量和进食的情况。⑩可根据患者生化指标及营养评估状况提供专门的营养餐。

（2）安宁疗护。

针对AD的安宁疗护服务主要体现为心理支持及关怀：①要尊重和理解老人，使老人感到受尊重、受重视、消除忧虑恐惧心理。②帮助老人调节情绪，讲述和示范各种情绪调节方法。③帮助老人保持与社会的接触，安排他们适应新的生活，从生活中寻找生活动力，摆脱孤独和不必要的担心。④帮助老人保持家庭关系和谐。⑤通过和老人握手、拥抱、一起散步及互相帮助，主动地去关心照顾老人，耐心做好解释、安慰工作，温暖老人的心灵。⑥与老人交流时要轻言细语，不与其发生争吵，不强迫老人接受现实的导向，采取温暖的方法引导老人。⑦尽量花时间与老人一起沟通并倾听他们，及时地了解老人的想法，使用简单、直接、形象的语言，多给老人鼓励、肯定和赞赏。

（3）长期照护保险服务。向患者家属介绍长期照护保险政策及申请条件，协助老人申请长期照护保险。

5. 康复服务

（1）康复评定。

通常用于康复评定的方法有简易精神状态检查量表、蒙特利尔认知评估量表、画钟测验、阿尔茨海默病评估量表（ADAS）5种：

1）简易精神状态检查量表：为神经内科及康复医学科最常采用的简易测定量表，主要用于阿尔茨海默病早期的筛查。得分低于27分提示认知功能障碍。

2）蒙特利尔认知评估量表：主要对早期轻度认知功能障碍筛查，得分≥26分属于正常。

3）画钟测验：画钟测验约2分钟，能区分92%的伴有或者不伴有结构损害的阿尔茨海默病患者。

4）ADAS：属于综合认知筛查量表，包括认知行为测验和非认知行为测验。未经治疗的中度AD患者每年ADAS评估总分下降7~10分。

（2）康复治疗。

1）康复原则：①早发现，早诊断，早治疗；②利用各种有效治疗手段配合药物进行综合治疗；③积极的心理支持和精神支持相结合；④日常生活自理能力强化训练。

2）康复目标：改善功能与症状，提高日常生活能力，减少继发性损害，促进患者回归家庭与社会。

(3) 康复训练。

1) 记忆力训练：主要包括内辅助法、外辅助法和环境适应等。

2) 注意力训练：主要包括注意广度训练、注意的维持与警觉训练、注意的选择性训练、注意的分配训练、对策训练等。

3) 思维训练：主要包括读取报纸信息、排列顺序、分类、解决问题能力训练等。

4) 感知觉训练：包括失认的治疗、失用的治疗、行为障碍的训练等。

6. 中医药服务

本病又名老年痴呆，其形成以内因为主，多由于年老体虚、七情内伤、久病耗损等导致气血不足，肾精亏损，脑髓失养，或气滞、痰阻、血瘀于脑而成。根据中医辨证可将其分为以下证型展开治疗。

(1) 肾精亏虚证。

主要表现：智力减退，神情呆钝，词不达意，头晕耳鸣，倦怠思卧，齿枯发焦，腰膝酸软，步履艰难，舌瘦色淡，苔薄白，脉沉细弱。

证机概要：肾精亏虚，髓海失养。

治法：补肾益髓，填精养神。

代表方：七福饮。

(2) 脾肾两虚证。

主要表现：表情呆滞，沉默寡言，痴呆愚笨，伴腰膝酸软，肌肉萎缩，食少纳呆，气短懒言，口涎外溢，或四肢不温，腹痛喜按，鸡鸣泄泻，舌质淡，舌体胖大，苔白，或舌红，苔少或无苔，脉沉弱，双尺尤甚。

证机概要：气血亏虚，肾精不足，髓海失养。

治法：补肾健脾，益气生精。

代表方：还少丹。

(3) 痰浊蒙窍证。

主要表现：表情呆滞，智力衰退，或哭笑无常，喃喃自语，或终日无语，呆若木鸡，不思饮食，脘腹胀痛，痰涎壅盛，头重如裹，舌质淡，苔白腻，脉滑。

证机概要：痰浊上蒙，清窍被阻。

治法：豁痰开窍，健脾化浊。

代表方：涤痰汤。

(4) 瘀血内阻证。

主要表现：神情呆滞，言语不利，健忘，易惊恐，或思维异常，行为古怪，伴肌肤甲错，口干不欲饮，双目晦暗，舌质黯或有瘀斑瘀点，脉细涩。

证机概要：瘀血阻滞，脑脉痹阻。

治法：活血化瘀，开窍醒脑。

代表方：通窍活血汤。

(二)居家或社区服务机构

1. 医疗服务(签约机构)

定期开展医疗巡诊,每年至少进行一次全面健康体检。

定期进行健康风险与综合能力评估。

定期开展康复治疗的评估。

提供健康指导。

2. 护理服务

(1) 开展改善认知与记忆的护理服务,温和地对待老人,在老人可以理解的水平说话。

(2) 可使用小便条、日历等提示物帮助助老人记忆,可配合多感官刺激训练。

(3) 纠正老人知觉缺陷,如更换不适合的助听器、眼镜及义齿等。

(4) 引导和帮助有焦虑和抑郁情绪老人,听其倾诉内心感受,给予心理疏导。

(5) 鼓励老人的家属或朋友前来探望。

(6) 提供较为固定的生活环境,尽可能避免搬动床位,房间摆设简单、宽敞,给患者足够活动空间。

(7) 由于 AD 患者有定向障碍,分不清白天和黑夜,应帮助其养成良好的作息规律。

(8) 按医嘱按时、规律分发口服药物,控制症状。

3. 照护服务

(1) 妥善保管家中危险物品,如刀、剪、绳索等,不能让患者单独接触火源。

(2) AD 患者需家人陪护,应随身携带电话号码及家庭住址,防止走失。

(3) 家属定时提醒如厕,必要时予以协助。

4. 康复服务

(1) 定期开展康复治疗效果的评定。

(2) 开展思维训练:主要包括读取报纸信息、排列顺序、分类、解决问题能力训练等。

(3) 病情综合评估等级为1、2级的老人,建议居家、社区或门诊康复,但需要长期进行周期性康复训练。家属或者社区医生协助老人进行功能康复训练。

(4) 家属或者社区医生协助老人进行安全管理,预防或减少继发性损害或者意外的发生。

5. 支持服务

(1) 营养支持:创造安静的就餐环境,就餐过程中减少干扰,少食多餐。

(2) 心理支持及关怀:不论老人在生活和工作中,有了多么微小的进步,都要充分地给予鼓励,借此重建患者的自尊。尽量避免抱怨和责备。

五、服务效果评价

对相关指标（如饮食、睡眠、大小便、记忆力、认知功能、精神状态、日常生活自理能力、临床症状改善等）进行评价。病情平稳，相关症状得到有效改善，则继续按照以上相关措施进行干预；病情加重，相关症状未改善，由团队管理人员会诊后，提出转诊或改变干预方案，实施进一步的干预和管理。

六、预防保健

（一）一级预防

1. 生活方式

（1）每天饮一杯茶或者咖啡，是最有效的预防方法，因为这两种饮料均可使记忆丧失危险下降40%。

（2）经常适量摄入含有维生素B和叶酸的食物及饮用富含硅的矿泉水对预防阿尔茨海默病有一定作用。

（3）多补充维生素D、经常晒太阳、多吃核桃等坚果类食物有助于降低患阿尔茨海默病的风险。

（4）饮食起居要有规律，注意保持大便通畅和多饮水。

（5）在饮食上，要做到"三定""三高""两低""两戒"原则：定时、定量、定质；高蛋白、高不饱和脂肪酸、高维生素；低脂肪、低盐；戒烟、戒酒。

（6）注意控制体重、改善睡眠等健康生活方式。

2. 情绪调整

（1）积极动脑，多参加益智活动，预防脑功能减退。

（2）积极锻炼，适当运动，如听音乐、猜谜语、讲故事、慢跑、游泳、爬山、跳舞等。

（3）精神调养，经常注意释放和减轻工作和生活压力，保持乐观情绪、心情舒畅和健康的社交活动。

（二）二级预防

定期体检，做到"早发现、早诊断、早治疗"，及时干预，延缓阿尔茨海默病的发生及进展。

（三）三级预防

接受神经系统疾病的规范化治疗，接受对AD的科学管理。

第九节 其他常见老年慢性疾病

在我国医养结合机构中,最常见的其他常见老年疾病还有血管性认知障碍、老年便秘、压力性损伤等,本节将其医养服务内容介绍如下。

一、血管性认知障碍

(一)概述

血管性认知障碍(VCI)指由于各种脑血管病变引起的认知功能障碍,其中包括血管性痴呆(VaD)、伴血管病变的阿尔茨海默病和非痴呆的血管性认识损害。我国65岁以上老年人群中,轻度认知障碍总体患病率为20.8%,其中42.0%是由脑血管病和血管危险因素所致,在所有痴呆病例中,VaD约占20%,是除AD外最常见的痴呆类型。

该病的主要病因为脑血管病。危险因素有高血压、高血脂、糖尿病、心脏病、饮酒史、吸烟史、高龄、受教育程度低等。

(二)主要临床表现

血管性认知障碍的临床表现主要与脑血管病变具体部位有关,下面主要介绍常见的三种临床表现。

1. 皮质梗死性痴呆

主要表现为记忆力障碍、淡漠、缺乏主动性和忍耐力、发音困难、意识障碍等。

2. 多梗死性痴呆

最常见,典型临床表现为一侧的感觉和运动功能障碍,突发的认知功能损害、失语、失认、失用、视空间和结构障碍。

3. 小血管性痴呆

早期主要临床特征表现为执行障碍综合征、记忆障碍、行为异常和精神症状等。

(三)综合评估

1. 医疗风险评估

患者如果出现脑血管病本身和血管性认知障碍的临床症状,则医疗风险等级为3、4级;患者只出现单纯记忆减退,无其他伴发症状,则医疗风险等级为1、2级。

2. 护理风险评估、健康风险定级、综合能力评估与综合等级评定

参照第三章第三节相关评估表进行评定。

(四) 实施医养结合服务

依据评估等级，按服务项目与频次实施分级医养服务。血管性认知障碍根据临床症状应进行相应医学检查，辅助检查项目：血常规、血液生化、红细胞沉降率、头颅 CT、头颅 MRI、神经心理评估等。

1. 医养结合机构

（1）医疗服务。

临床医生结合老年人病情的严重程度与综合情况评定，确定门诊治疗或住院治疗。如需住院治疗，将老年人转至医养结合机构的住院病区，未设住院病区的机构或居家老年人转至医院神经内科住院病区；经治疗病情平稳转回生活托养区或社区、家里康复。

治疗方法：以控制血压、控制血糖、降血脂、抗凝、营养脑细胞、改善微循环、对症支持和戒烟戒酒等治疗为主。

医护人员 24 小时值班，提供急诊救护服务。

医生、护士应该定期巡诊并做好巡诊记录。

定期进行老年人健康体检，进行健康风险与综合能力评估（具体各类评估表见相关章节）。

建立健康档案，将门诊、会诊、转诊等医疗服务记录纳入档案管理，及时更新老年人健康相关信息。

建立专业康复师队伍，对老年人进行专业康复训练、心理社会干预和日常生活能力训练等。

（2）护理服务。

1）开展改善认知与记忆的护理，温和地对待老人，在老人可以理解的水平说话。

2）可使用小便条、日历等提示物帮助助老人记忆，可配合多感官刺激训练。

3）纠正老人知觉缺陷，如更换不适合的助听器、眼镜及义齿等。

4）引导和帮助有焦虑和抑郁情绪的老人，听其倾诉内心感受，给予心理疏导。

5）鼓励老人家属或朋友进行探望。

6）提供较为固定的生活环境，尽可能避免搬动床位，房间摆设简单、宽敞，给患者足够的活动空间。

7）由于痴呆患者有定向障碍，分不清白天和黑夜，应帮助其养成良好的作息规律。

8）遵医嘱按时、规律地分发口服药品，控制症状。

（3）中医药服务。

本病病位在脑，涉及肝、肾、心、脾，病性为本虚标实，其中主要是肾虚、气虚，兼见肝虚、血虚等；标实主要是瘀血、痰阻，兼见气滞、肝风或火热等。

治疗以补肾为根本，同时注意实邪的兼夹，佐以理气、活血、化瘀、熄风，可依据辨证情况选择适宜的中药汤剂或中成药。

（4）照护服务。

1）帮助患者完成各项生活事务，但同时要给予其自我照顾的机会，尽可能地维护其尚存的功能，如洗漱、就餐、穿脱衣服等，丧失生活能力的老人由护理员完成上述事宜。

2）防止患者走失，在患者身上装身份信息卡，着带有机构标志及电话的衣物，以便发生意外及时找回。

3）对于定向障碍严重、步态不稳的患者加强照护，防止跌倒、坠床。

4）提醒如厕，协助不能自理的患者如厕。

5）患者易忘记或错服药物，护理员应协助其服药。

（5）支持服务。

1）营养支持：由于患者认知能力下降，不能及时准确地表达自身情况及进食障碍原因，增加了护理难度。对于不能判断自己是否吃饱、反复要求进食的患者，控制每次进食量，少食多餐，保证每日正常的进食量；对于进食时间过长的患者，反复提醒其咀嚼、吞咽。还可提供专门的营养膳食。

2）心理支持及关怀：护理人员要有足够的耐心，交流时语言简单易懂，态度温和，积极主动地关心、关爱患者，以实际行动关爱、支持和鼓励患者，鼓励家属多探视，保持亲情联系，保护患者的自尊，不急于否定和批评患者。

（6）康复服务。

参照阿尔茨海默病康复训练。

2. 居家或社区服务机构

（1）医疗服务（签约机构）。

定期开展医疗巡诊，每年至少进行一次全面健康体检。

定期为患者进行健康风险与综合能力评估。

定期为患者开展康复治疗的评估。

为患者提供健康指导。

（2）护理服务。

1）家属听从医生的指导，妥善保管药物，看管和照顾患者，患者在家属的协助下按时按量服药，防止自行减药或加药。

2）合理安排患者日常生活，使患者养成良好的生活习惯，督促患者搞好个人卫生，适当进行体育锻炼。

3）根据患者病情，安排患者适当进行家务劳动，创造条件增加患者接触社会的机会，在保障安全的前提下，让患者参与适宜的娱乐活动。

4）患者家属要督促和监督患者不要喝酒，少喝咖啡，少抽烟，以防止病情加重。

（3）中医药服务。

医生指导患者家属养生保健的方法，让其或护理人员落实。依据辨证情况选择适宜的中药汤剂或中成药。

（4）康复服务。

1）定期开展康复治疗效果的评定。

2）病情综合评估等级为1、2级的患者，建议居家、社区或门诊康复，但需要长期进行周期性康复训练。家属或者社区医生协助老年人进行功能康复训练。

3）家属或者社区医生协助患者进行安全管理，预防或减少继发性损害或者意外的发生。

(5) 照护服务。

1) 妥善保管家中危险物品如刀、剪、绳索等,不能让患者单独接触火源。

2) 患者需家人陪护,随身携带电话号码及家庭住址,防止走失。

3) 家属定时提醒患者如厕,必要时予以协助。

(6) 支持服务。

1) 定期为患者开展营养膳食指导。

2) 为患者进行心理辅导,提供人文关怀。

(五) 服务效果评价

对相关指标(如饮食、睡眠、大小便、记忆力、认知功能、精神状态、日常生活自理能力、临床症状改善等)进行评价。病情平稳,相关症状得到有效改善,则继续按照以上相关措施进行干预;病情加重,相关症状未改善,由团队管理人员会诊后,提出转诊或改变干预方案,实施进一步的干预和管理。

(六) 预防保健

1. 一级预防

(1) 生活方式预防。日常积极控制高血压、高血脂、糖尿病、代谢综合征等;合理饮食,注意低盐、低脂。糖尿病患者清淡饮食。戒烟戒酒,适当运动,保持情绪乐观、心情舒畅,参加有益健康的社会交际活动。

(2) 药物预防。必要时口服药物降血压、降血糖、降血脂、抗血小板聚集,改善血管硬化及结构重组等。

2. 二级预防

定期体检,做到"早发现、早诊断、早治疗",及时延缓压力性损伤的发生及进展。

3. 三级预防

加强压力性损伤规范化治疗和科学管理。

二、老年便秘

(一) 概述

老年便秘指老年人排便次数减少,每周排便次数少于 3 次,且排便费力、大便硬结、量少,有排不尽感,或者努力排便时间大于正常排便时间的 25%。

该病的常见病因:消化功能减退;缺乏膳食纤维;胃肠蠕动功能紊乱;精神心理因素;肛门直肠疾病;体内水分不足;药物因素;腹腔其他疾病等。

(二) 主要临床表现

本病的主要临床表现为排便困难,伴随症状包括腹胀、腹痛、恶心等,同时可伴随其他相关疾病症状。

（三）综合评估

1. 医疗风险评估

患者如果存在长期严重便秘，同时有高龄（>80岁）、冠心病、高血压病、脑血管意外、糖尿病、消化道出血等存在，则医疗风险等级为3、4级；如果患者只是单纯便秘，无其他心脑血管疾病和消化道出血症状，则医疗风险等级为1、2级。

2. 护理风险评估、健康风险定级、综合能力评估与综合等级评定

参照第三章第三节相关评估表进行评定。

（四）实施医养结合服务

依据评估等级按不同的服务项目与频次实施分级医养服务。

1. 医养结合机构

（1）医疗服务。

治疗原则：个体化、早期、综合治疗，避免滥用泻药。

治疗方法：①饮食控制，增加水分和富含膳食纤维食物的摄入。②养成规律的排便习惯。③药物治疗：口服缓泻剂、促胃肠动力剂、通便剂等。④灌肠：便秘严重且口服药物无效时采用。⑤人工通便：戴手套后将手指伸入肛门将粪便取出。⑥治疗导致便秘的原发疾病。

定期为老年人进行健康体检，进行健康风险与综合能力评估（具体各类评估表见相关章节）。

建立健康档案，将门诊、会诊、转诊等医疗服务记录纳入档案管理，及时更新老年人健康相关信息。

（2）护理服务。

1）常见护理诊断：①便秘：与肠蠕动减慢或与药物不良反应引起排便不畅有关。②焦虑：与便秘治疗效果不佳有关。

2）护理措施：①培养患者养成定时排便的习惯，即使患者无便意，也应坚持定时去厕所蹲坐10~20分钟。②全身状况欠佳或腹肌肌力不足的患者，应加强活动和体育锻炼。也可练习排便动作，即正常排便时一收一放的动作，以锻炼提肛肌的收缩。③提供隐蔽的环境。④协助患者采取最佳的排便姿势，以合理地利用重力和腹内压。⑤观察排便间隔时间、大便形状、便后有无出血、腹部有无硬块、有无腹痛等情况。⑥指导患者正确使用缓泻剂，但应告之患者长期使用缓泻剂的危害，即其会使肠道蠕动功能减弱，甚至造成患者对药物生理、心理上的依赖。⑦必要时予以灌肠。

（3）照护服务。

1）进行适当的腹部按摩，顺结肠走行方向做环行按摩，刺激肠蠕动，帮助排便。

2）指导或协助患者正确使用简易通便法，如使用开塞露、甘油栓等。

3）养成良好的饮食习惯，适当吃有助于润肠通便的食物，多吃含有纤维素的食物，

晨起可喝一杯淡盐水,上午和傍晚各喝一杯温热的蜂蜜水,以助通便,少饮浓茶或含有咖啡因的饮料,如可乐等。

(4) 支持服务。

1) 营养支持:鼓励患者多饮水,每天清晨饮一杯温开水或盐水。多吃含纤维素丰富的食物,如芹菜、豆角、白菜等。另外,水果或其他多渣食物如笋类、麦片、麸皮等也利于通便。

2) 心理支持及关怀:指导患者保持乐观的精神状态,消除紧张情绪,克服焦虑。

(5) 康复服务。

1) 康复评定。

①排便情况:排便时间、间隔时间、排便量、大便性状、进食量、水与膳食纤维摄入量、排便习惯、药物影响、相关疾病等。②肛门直肠测压。

2) 康复治疗。

①饮食调节:增加水与高膳食纤维食物、蔬菜及水果的摄入。

②排便训练:练习定时排便、排便体位,促进排便反射等。

③物理治疗:低频电疗法、水疗法。

④运动治疗:如散步、太极拳等。

⑤中医治疗:针灸、推拿、按摩等。

⑥精神心理治疗:缓解老年人抑郁、恐惧等心理。

(6) 中医药治疗。

本病中医名为便秘,病机主要是热结、气滞、寒凝、气血、阴阳亏虚引起肠道传导失司。根据辨证可分为以下几种证型进行治疗。

1) 实秘。

①热秘。

主要表现:大便干结,腹胀腹痛,口干口臭,面红心烦,或有身热,小便短赤,舌红,苔黄燥,脉滑数。

证机概要:肠腑燥热,津伤便结。

治法:泄热导滞,润肠通便。

代表方:麻子仁丸。

②气秘。

主要表现:大便干结,或不甚干结,欲便不得出,或便而不爽,肠鸣矢气,腹中胀痛,嗳气频作,纳差,胸胁痞满,舌苔薄腻,脉弦。

证机概要:肝脾气滞,腑气不通。

治法:顺气导滞。

代表方:六磨汤。

③冷秘。

主要表现:大便艰涩,腹痛拘急,胀满拒按,胁下偏痛,手足不温,呃逆,呕吐,舌苔白腻,脉弦紧。

证机概要:阴寒内盛,凝滞胃肠。

治法：温里散寒，通便止痛。

代表方：温脾汤。

2）虚秘。

①气虚秘。

主要表现：大便干硬不甚，虽有便意，但排便困难，虚坐努责，汗出气短，便后乏力，面白神疲，肢倦懒言，舌淡苔白，脉弱。

证机概要：肺脾气虚，传送无力。

治法：益气润肠。

代表方：黄芪汤。

②血虚秘。

主要表现：大便干结，面色无华，头晕目眩，心悸气短，健忘，口唇色淡，舌淡苔白，脉细。

证机概要：津血亏虚，肠道失养。

治法：养血润燥。

代表方：润肠丸。

③阴虚秘。

主要表现：大便干结，如羊屎状，形体消瘦，头晕耳鸣，两颧潮红，心烦少眠，盗汗，腰膝酸软，舌红少苔，脉细数。

证机概要：阴津不足，肠失濡润。

治法：滋阴通便。

代表方：增液汤。

④阳虚秘。

主要表现：大便干或不干，排便困难，小便清长，面色㿠白，四肢不温，腹中冷痛，或腰膝酸冷，舌淡苔白，脉沉迟。

证机概要：阳气虚衰，阴寒凝结。

治法：温阳通便。

代表方：济川煎。

2. 居家或社区服务机构

（1）医疗服务（签约机构）。

定期为老人开展医疗巡诊，每年至少进行一次全面健康体检。

定期为老人进行健康风险与综合能力评估。

为老人提供健康指导。

（2）护理服务。

1）指导老人养成良好的排便习惯，不管是否有便意，每天早上起床后或早餐后坚持准时如厕。

2）腹部按摩，加强腹部肌肉的锻炼，可每日顺时针方向按摩腹部数次，增加肠蠕动，促进排便。

3）适当运动，尤其是到户外活动有利于增加胃肠蠕动，增进食欲，预防便秘，促进老年人保持最佳的生理功能和心理状态。

4）预防意外，有高血压、心脑血管疾患的老人要避免用力排便，以防发生意外。

（3）照护服务。

协助排便，按摩腹部，必要时给予灌肠通便。

（4）康复服务。

1）定期开展康复治疗效果的评定。

2）家属或者社区医生主要指导老人进行饮食调节、排便训练。病情综合评估等级为1、2级者，建议居家、社区或门诊康复，但需要长期进行周期性康复训练。

（5）支持服务。

1）定期进行营养膳食指导。

2）给予心理辅导与人文关怀。

（五）服务效果评价

对相关指标（饮食、睡眠、大便性状与次数、精神状态等）进行评价。病情平稳，相关症状得到有效改善，则继续按照以上相关措施进行干预；病情加重，相关症状未改善，由团队管理人员会诊后，提出转诊或改变干预方案，实施进一步的干预和管理。

（六）预防保健

1. 一级预防

一级预防以培养良好的生活方式为主，包括：①平时多摄入水与高膳食纤维食物、蔬菜及水果。②养成良好的排便习惯。③排便时保证良好的排便环境。④少用泻药。⑤适当运动，避免久坐。⑥腹部按摩。⑦积极治疗导致便秘的原发疾病。

2. 二级预防

定期体检，做到"早发现、早诊断、早治疗"，早期干预，阻止老年便秘的发生及进展。

3. 三级预防

加强消化系统疾病规范化治疗和科学管理。

三、压力性损伤

（一）概述

压力性损伤是发生在皮肤和（或）潜在皮下软组织的局限性损伤，通常发生在骨隆突处或与医疗或其他设备接触处。压力性损伤可表现为局部组织受损但表皮完整或开放性溃疡，并可能伴有疼痛。剧烈和（或）长期的压力或压力联合剪切力可导致压力性损伤出现。皮下软组织对压力和剪切力的耐受性受环境、营养、灌注、合并症和软组织的条件的影响。本病在高龄、失能和长期卧床的老年人群中发病率极高，在医养结合机构中的老人中发病率更高。

（二）主要临床表现

1期压力性损伤：指压时红斑不会消失（非苍白性发红），局部组织表皮完整，出现非苍白发红，深肤色人群可能会出现不同的表现。局部呈现的红斑或感觉、温度、硬度的变化会先于视觉的变化。颜色变化不包括紫色或褐红色，这些颜色可能表明深部组织损伤。

2期压力性损伤：部分真皮层缺失，基底面呈粉红色或红色，潮湿，可能会呈现完整或破裂的血清性（浆液性）水疱，但不会暴露脂肪层和更深的组织。不存在肉芽组织、腐肉和焦痂。

3期压力性损伤：全层皮肤缺损，溃疡面可呈现皮下脂肪组织和肉芽组织，伤口边缘会有卷边（上皮内卷）现象。腐肉和或焦痂可能存在。

4期压力性损伤：全层皮肤和组织缺损，溃疡面暴露筋膜、肌肉、肌腱、韧带、软骨或骨溃疡。伤口床可见腐肉或焦痂。上皮内卷，潜行，窦道经常可见。

不明确分期的压力性损伤：全层皮肤和组织缺损，腐肉或焦痂掩盖了组织损伤的程度。一旦腐肉和坏死组织去除后，将会呈现3期或4期压力性损伤表现。

深部组织压力性损伤：完整或非完整的皮肤出现局部持久性非苍白性发红、褐红色或紫色，或表皮分离后出现暗红色伤口床或充血性水疱。伤口可能会迅速发展，呈现真正的组织损伤，或可能经过处理后没有出现组织损伤。如果出现坏死组织、皮下组织、肉芽组织、筋膜、肌肉或其他潜在结构，则表明全层组织损伤（不明确分期、3期或4期压力性损伤）。

此外还有医疗器械相关压力性损伤和黏膜压力性损伤。医疗器械相关压力性损伤是由于使用用于诊断或治疗的医疗器械而导致的压力性损伤，损伤部位形状通常与医疗器械形状一致。这一类损伤可以根据上述分期系统进行分期。黏膜压力性损伤是由于使用医疗器械导致相应部位黏膜出现的压力性损伤，由于这些损伤组织的解剖特点，这一类损伤无法进行分期。

（三）综合评估

1. 医疗风险评估

患者如果出现压力性损伤Ⅲ、Ⅳ期的临床症状，伴其他老年慢性疾病的临床症状，则医疗风险等级为3、4级；患者只表现为压力性损伤Ⅰ、Ⅱ期，无其他伴发症状，则医疗风险等级为1、2级。

2. 护理风险评估、健康风险定级、综合能力评估与综合等级评定

参照第三章第三节相关评估表进行评定。

（四）实施医养结合服务

依据评估等级按不同的服务项目与频次实施分级医养服务。压力性损伤根据临床症

状可进行相应医学辅助检查，检查项目：血常规、尿常规、大便常规、肝功能、肾功能、血糖、血脂、尿酸、创面细菌培养＋药敏试验、X线摄影等。

1. 医养结合机构

（1）医疗服务。

临床医生结合老年人病情的严重程度，决定门诊治疗或住院治疗。如需住院治疗，将老年人转至医养结合机构的住院病区，未设住院病区的机构或居家老年人转至医院皮肤科住院病区；经治疗病情平稳转回生活托养区或转社区、家里康复。

治疗要点：

①局部评估：压力性损伤的大小、部位、分期，有无感染等。

②分期治疗：

Ⅰ期：及时去除诱因，治疗原发疾病，加强翻身，加强营养等。

Ⅱ期：保护创面，物理治疗，预防感染等。

Ⅲ期：创面清创，去除坏死组织等。

Ⅳ期：清创、外敷、无菌敷料包扎，必要时行植皮手术等。

医护人员24小时值班和提供急诊救护服务。

医生、护士应该定期巡诊并做好巡诊记录。

定期进行老年人健康体检，进行健康风险与综合能力评估（具体各类评估表见相关章节）。

建立健康档案，将门诊、会诊、转诊等医疗服务记录纳入档案管理，及时更新老人健康相关信息。

建立专业的康复师队伍，对造成老人长期卧床的原发疾病进行专业康复和日常生活能力训练等。

（2）护理服务。

预防压力性损伤主要是通过缓解压力对局部组织作用的时间。具体措施如下：

1）体位变换：解除压力性损伤是预防压力性损伤的主要原则，也是治疗压力性损伤的先决条件，尽管各种床垫、翻身垫和支具已不断改进，各种翻身床、气垫床的应用已取得较好的效果，但是最基本的、最简单有效的预防措施还是护理人员或家属给患者翻身或患者自己定时变换体位，变换体位可预防患者同一部位受到长时间的持续压力。体位变换的间隔时间不应超过两小时，必要时每30分钟翻身一次，翻身动作应轻柔，不可拖、拉、拽；床铺应保持清洁、干燥、平整、无碎屑；对被排泄物污染的褥单，要及时更换清洗，保持皮肤清洁干燥，及时更换汗湿的内衣，对皮肤易出汗的部位，如腋窝、腘窝、腹股沟等可使用爽身粉；在骨隆突部位垫好软枕，避免压力过于集中。

2）减少骨隆突部位的压迫：用软枕、翻身垫、海绵等物品架空骨隆突部位。

3）避免外伤：缺乏神经支配或营养不良时，即使很轻的皮肤损伤，也会发生感染，演变成与压力性损伤相似的创面。因此要特别注意清除床面、座椅上的异物，还应及时修剪指（趾）甲和清洗甲缝，以免划伤感染皮肤。

4）加强营养：营养不良的患者，因皮肤对压力损伤的耐受力下降，容易发生压力性损伤，所以要注意增加高蛋白、高热量、高维生素饮食的摄入，防止患者出现贫血和低蛋白血症。

5) 鼓励患者活动：鼓励患者在不影响疾病治疗的情况下，积极活动，防止因长期卧床而导致的各种并发症，让患者参与力所能及的日常活动，采用动静结合的休息方式。

6) 皮肤管理：保持皮肤清洁，每日擦洗，水温以 40℃为宜；保持皮肤湿润，使用温和的润肤剂；排泄物污染皮肤时，用温水清洗后用毛巾吸干，再涂润肤剂。医疗器具皮肤固定时，采取无张力固定方式，如固定胃管的胶布、固定留置针的贴膜。

压力性尿失禁者，指导和鼓励其进行盆底肌锻炼。失禁无法控制者可按需选择以下物品进行辅助管理：①一次性尿垫，吸水性好，但难以保持局部干燥；②脱脂棉：实惠、简单易行，但须频繁更换及进行肛周护理；③造口袋，用于大便失禁患者，贴于肛周。

7) 发生压力性损伤的患者按照分期处理原则进行换药处理。

（3）照护服务。

保持床单元的干净、平整，定时翻身。必要时对局部皮肤进行按摩。

（4）支持服务。

1) 营养支持：有条件的患者，请营养科会诊，制订营养方案。

2) 心理支持及关怀：适时对患者进行心理疏导，帮助其保持良好心态。

（5）中医药服务。

本病因为久卧伤气，加之局部长期受压致气血运行不畅，肌肤失养，日久缺血坏死，破溃成疮。根据中医辨证，压力性损伤的内治可分以下几种证型。

1) 气滞血瘀证。

主要表现：局部皮肤出现褐色红斑，继而紫黯、红肿或有破损，舌淡，边有瘀斑，苔薄白，脉细。

治法：理气活血。

代表方：血府逐瘀汤。

2) 蕴毒腐溃证。

主要表现：压力性损伤溃烂，复感邪毒，腐肉及脓水较多，或有恶臭，重者溃烂可深及筋骨，伴有发热或低热，口苦口干，神疲乏力，舌红，苔黄腻，脉细数。

治法：托毒排脓。

代表方：透脓散。

3) 气血亏虚证。

主要表现：疮口腐肉难脱，或腐肉虽脱，新肉不生，疮面色淡不鲜，愈合迟缓，面白少华，神疲乏力，舌淡，苔少，脉沉细无力。

治法：补益气血，托毒生肌。

代表方：托里消毒散。

中医压力性损伤外治法：

1) 初期皮肤潮红者，解除局部压迫，按摩局部，外擦红花酒精；或外擦三石散或滑石粉。

2）破溃后形成溃疡者宜用九一丹外擦，外盖红油膏纱布，若有坏死组织，可适当清除，或用少许红升丹掺布。

3）收口期脓腐已尽者，疮面干净者用白玉膏掺生肌散外敷，每日一次。

（6）康复服务。

1）康复评估。

①压力性损伤发生的原因。

②容易发生压力性损伤部位的皮肤情况。

③已经发生压力性损伤的分期：Norton 量表和 Braden 量表是公认的压力性损伤评定量表。

2）康复治疗。

①常规治疗：悬空压力性损伤部位，加强翻身，加强营养，保持皮肤清洁和干燥，对症支持治疗，纠正负氮平衡等。加强创面换药

②物理治疗：红外线、紫外线、激光、超声波治疗等。

2. 居家或社区服务机构

（1）医疗服务（签约机构）。定期开展医疗巡诊，每年至少进行一次全面健康体检；定期进行健康风险与综合能力评估；定期开展康复治疗的评估；提供健康指导。

（2）护理服务。对居家患者进行预防压力性损伤措施的宣教，教会家属预防压力性损伤的措施。教会家属居家换药的方法，处理小创面。

（3）照护服务。定时翻身，做好皮肤护理，适当地进行皮肤按摩。落实减压措施。

（4）康复服务。定期开展康复治疗效果的评定。社区医生门诊创面换药。病情综合评估等级为 1、2 级的老人，建议居家、社区或门诊康复。同时加强对老人及家属营养管理、体位变换等的指导。

（5）中医药服务。参照医养机构中医药治疗服务方法。

（6）支持服务。定期开展膳食营养指导，开展心理辅导。

（五）服务效果评价

对相关指标（如饮食、大小便、日常生活自理能力、压力性损伤创面改善等）进行评价。病情平稳，相关症状得到有效改善，则继续按照以上相关措施进行干预；病情加重，相关症状未改善，由团队管理人员会诊后，提出转诊或改变干预方案，实施进一步的干预和管理。

（六）预防保健

1. 一级预防

（1）加强营养，合理饮食，改善患者机体营养状况等。

（2）避免局部皮肤长期受压，加强翻身，注意保持局部皮肤、被褥的清洁干燥；经常按摩容易发生压力性损伤的局部皮肤；鼓励或者协助老人多下床活动；老人发生重大疾病时及时到医院就诊；经常对老人进行预防压力性损伤的健康知识教育；积极治疗造

成老人长期卧床的原发疾病。

2. 二级预防

定期体检，做到"早发现、早诊断、早治疗"，早期干预，延缓压力性损伤的发生及进展。

3. 三级预防

加强心脑血管系统疾病规范化治疗和科学管理。

第九章 常见老年疾病的中医药与康复服务

中医药服务具有"简、便、廉、效"的特点，不仅在医疗服务中扮演重要的角色，也在各类医养结合机构的医养服务中具有不可替代的作用。中医药服务主要指在中医理论指导下采用适宜技术进行疾病诊治、体质辨识、治未病、中医养生与传统康复等。现代康复服务主要针对老年人某些脏器功能受损而出现的特定功能障碍提供康复治疗。本章主要从中医体质辨识与调养指导、中医传统康复、现代康复技术的运用、中医药相关服务等方面进行介绍。

第一节 体质辨识与调养指导

本节采用的中医九种体质辨别方法源于北京中医药大学王琦教授的九种体质学理论，并在国家重点基础研究发展计划课题"基于因人制宜思想的中医体质理论基础研究"中得到进一步完善。2009年3月，中华中医药学会以发布标准的形式出版《中医体质分类与判定》一书，同年，该体质辨别方法被纳入国家基层公共卫生考核条款；经过十多年的宣传，该体质辨识方法和内容在人民群众中得到广泛的普及及推广。

各类医养结合机构主要为老年人提供中医体质辨识、中医调养指导、健康状况评估等服务。

一、平和质

（一）特征

（1）总体特征：阴阳气血调和，以体态适中、面色润泽、精力充沛等为主要特征。
（2）形体特征：体形匀称，无明显驼背。
（3）常见表现：面色润泽，头发较密，目光有神，不易疲劳，精力充沛，耐受寒热，睡眠良好，胃纳佳，二便正常，舌淡红、苔薄白，脉和缓有力。
（4）心理特征：性格随和开朗。
（5）发病倾向：平素患病较少。
（6）对外界环境适应能力：对自然环境和社会环境适应能力较强。

(二) 保健方法

1. 情志调摄

宜保持平和的心态。可根据个人爱好，选择弹琴、下棋、书法、绘画、听音乐、阅读、旅游、种植花草等放松心情。

2. 饮食调养

饮食宜粗、细粮食合理搭配，多吃五谷杂粮、蔬菜瓜果，少食过于油腻及辛辣食品；避免过饥过饱，也不要进食过冷过烫或不干净的食物；注意戒烟限酒。

四时饮食调养：①春宜多食蔬菜，如菠菜、芹菜、春笋、荠菜等。②夏宜多食新鲜水果，如西瓜、番茄、菠萝等，其他清凉生津食品，如鲜芦根、绿豆、冬瓜、苦瓜、黄瓜、生菜、豆芽等均可酌情食用，以清热祛暑。③长夏宜选用茯苓、藿香、山药、莲子、薏苡仁、扁豆、丝瓜等利湿健脾之品，不宜进食滋腻碍脾胃的食物。④秋宜选用寒温偏性不明显的平性药食。同时，宜食用濡润滋阴之品以保护阴津，如沙参、麦冬、阿胶、甘草等。⑤冬宜选用温补之品，如生姜、肉桂、羊肉等温补之品。

3. 起居调摄

起居宜规律，睡眠要充足，劳逸结合，穿戴自在。

4. 运动保健

形成良好的运动健身习惯。可根据个人爱好和耐受程度，选择运动健身项目。

5. 穴位保健

选穴：涌泉、足三里。

定位：涌泉位于足底部，卷足时足前部凹陷处，在足底2、3趾趾缝纹头端与足跟连线的前三分之一与后三分之二的交点上（图9-1）。足三里位于小腿前外侧，当犊鼻下3寸，距胫骨前缘一横指处（图9-2）。

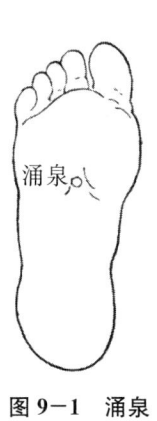

图9-1 涌泉　　图9-2 足三里
（图中黑点为足三里穴）

操作：用大拇指或中指指腹按压穴位，做轻柔缓和的环旋活动，以穴位感到酸胀为度，按揉2~3分钟。每天操作1~2次。

二、气虚质

（一）特征

（1）总体特征：元气不足，以疲乏、气短、自汗等为主要特征表现。
（2）形体特征：形体偏胖，肌肉松软不实。
（3）常见表现：平素语音低弱，气短懒言，容易疲乏，精神不振，易出汗，易头晕，活动量较少，舌淡红，舌边有齿痕，脉弱。
（4）心理特征：性格偏内向，喜安静。
（5）发病倾向：易患感冒、内脏下垂等疾病；病后康复缓慢。
（6）对外界环境适应能力：不耐受风、寒、暑、湿邪。

（二）调养指导

1. 情志调摄

宜保持稳定乐观的心态，不可过度劳神。宜欣赏节奏明快的音乐，如笛子曲《喜相逢》等。

2. 饮食调养

宜选用性平偏温、健脾益气的食物，如大米、小米、南瓜、胡萝卜、山药、大枣、香菇、莲子、白扁豆、黄豆、豆腐、鸡肉、鸡蛋、鹌鹑（蛋）、牛肉等。尽量少吃或不吃槟榔、生萝卜等耗气的食物。不宜多食生冷苦寒、辛辣燥热的食物。

参考食疗方：山药粥（山药、粳米，具有补中益气的功效，适合气虚质者食用）；黄芪童子鸡（童子鸡、生黄芪，具有益气补虚功效，适合气虚质易自汗者食用，本方补气力量较强，对气虚表现比较明显者，可每隔半个月食用一次，不宜长期连续食用）。

3. 起居调摄

提倡劳逸结合，不要过于劳作，以免损伤正气。平时应避免汗出受风。居室环境应采用明亮的暖色调。

4. 运动保健

宜选择比较柔和的传统健身项目，如八段锦。在做完全套八段锦动作后，将"两手攀足固肾腰"和"攒拳怒目增力气"各加做1~3遍。避免剧烈运动。

可采用提肛法预防脏器下垂。提肛法：全身放松，注意力集中在会阴肛门部。首先吸气收腹，收缩并提升肛门，停顿2~3秒之后，再缓慢放松呼气，如此反复10~15次。

5. 穴位保健

选穴：气海、关元。

定位：气海位于下腹部，前正中线上，当脐中下1.5寸；关元位于下腹部，前正中线上，当脐下3寸（图9-3）。

操作：用掌根着力于穴位，做轻柔缓和的环旋活动，每个穴位按揉2~3分钟，每天操作1~2次。

还可以采用艾条温和灸，增加温阳益气的作用。点燃艾条或借助温灸盒，对穴位进行温和灸，每次10分钟。艾条点燃端要与皮肤保持2~3厘米的距离，不要烫伤皮肤。温和灸可每周操作1次。

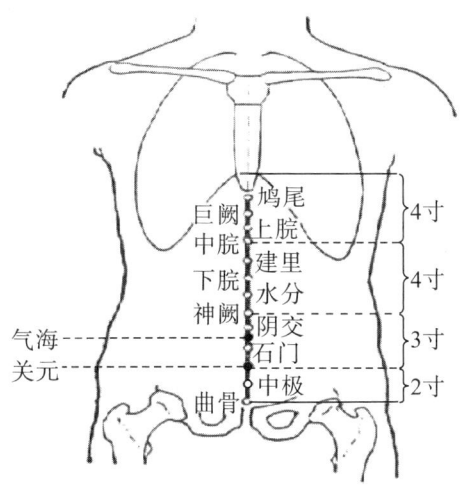

图9-3　气海、关元位置示意

（注：图中黑点分别为气海、关元穴）

三、阳虚质

（一）特征

(1) 总体特征：阳气不足，以畏寒怕冷、手足不温等为主要特征表现。
(2) 形体特征：肌肉松软不实。
(3) 常见表现：平素畏冷，以胃脘、背部、腰膝多见，手足不温，喜热饮食，精神不振，舌淡胖嫩，脉沉迟。
(4) 心理特征：性格内向，多沉静。
(5) 发病倾向：易患痹证、咳喘、泄泻等病；感邪易从寒化。
(6) 对外界环境适应能力：耐夏不耐冬；易感风、寒、湿邪。

（二）情志调摄

宜保持积极向上的心态，正确对待生活中的不利事件，及时调节自己的负性情绪。宜欣赏激昂、高亢、豪迈的音乐，如《黄河大合唱》等。

（三）饮食调养

宜选用甘温补脾阳、温肾阳的食物，如羊肉、鸡肉、带鱼、黄鳝、虾、刀豆、韭菜、茴香、核桃、栗子、腰果、松子、红茶、生姜等。少食生冷、苦寒、滋腻食物，如田螺、螃蟹、海带、紫菜、芹菜、苦瓜、冬瓜、西瓜、香蕉、柿子、甘蔗、梨、绿豆、蚕豆、绿茶、冷冻饮料等。即使在盛夏也不要过食寒凉之品。

参考食疗方：

（1）当归生姜羊肉汤：当归、生姜、羊肉，具有温阳补血、祛寒止痛的功效，适合阳虚体质者食用。

（2）韭菜炒胡桃仁：生胡桃仁、韭菜，具有温肾助阳的功效，适合阳虚体质腰膝冷痛者。

（四）起居调摄

居住环境以温和的暖色调为宜，不宜在阴暗、潮湿、寒冷的环境下长期工作和生活。平时要注意腰部、背部和下肢保暖。

白天保持一定活动量，避免打盹瞌睡。睡觉前尽量不要饮水，睡前将小便排净。

（五）运动保健

宜在阳光充足的环境下适当进行舒缓柔和的户外活动，尽量避免在大风、寒冷、大雪的环境中锻炼。

日光浴、空气浴是较好的强身壮阳之法。也可选择八段锦，在完成整套动作后将"五劳七伤往后瞧"和"两手攀足固肾腰"加做1~3遍。

（六）穴位保健

选穴：关元、命门。

定位：关元（位置见气虚质）。命门位于腰部，当后正中线上，第2腰椎棘突下凹陷中（图9-4）。

操作：两穴均可采用温和灸（见气虚质），每周进行1次。关元穴还可采用掌根揉法（见气虚质），按揉每穴2~3分钟，每天1~2次。也可配合摩擦腰肾法温肾助阳，以手掌鱼际、掌根或拳背摩擦两侧腰骶部，每次操作约10分钟，摩擦至皮肤温热为度，每天1次。

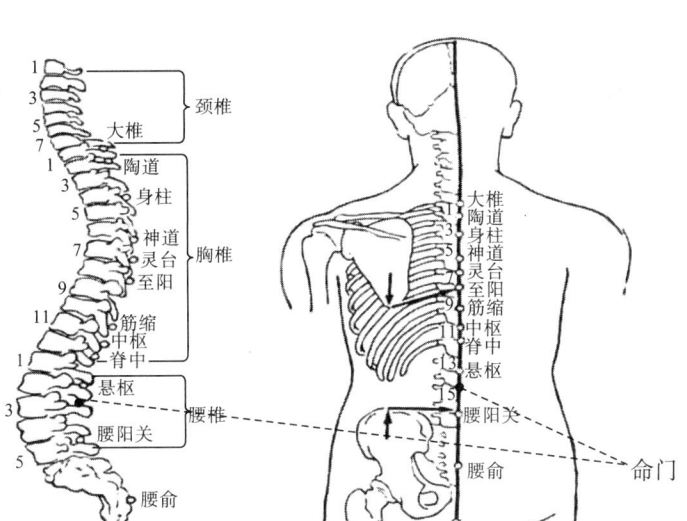

图 9-4 命门位置示意

（注：图中黑点为命门穴）

四、阴虚质

（一）特征

(1) 总体特征：阴液亏少，以口燥咽干、手足心热等为主要特征表现。
(2) 形体特征：体形偏瘦。
(3) 常见表现：眼睛干涩，口燥咽干，鼻微干，皮肤干燥、脱屑，偏好冷饮，大便干燥，舌红少津，脉细数。
(4) 心理特征：性格外向，易急躁。
(5) 发病倾向：易患便秘、燥证、消渴等病；感邪易从热化。
(6) 对外界环境适应能力：耐冬不耐夏；不耐受暑、热、燥邪。

（二）情志调摄

宜加强自我修养、培养自己的耐性，尽量减少与人争执、动怒，不宜参加竞争性活动，可在安静、优雅的环境中练习书法、绘画等。有条件者可以选择在环境清新凉爽的海边、山林旅游度假。

宜欣赏曲调轻柔、舒缓的音乐，如舒伯特《小夜曲》等。

（三）饮食调养

宜选用甘凉滋润的食物，如鸭肉、猪瘦肉、百合、黑芝麻、蜂蜜、荸荠、海蜇、海参、甘蔗、银耳、燕窝等。少食温燥、辛辣的食物，如羊肉、韭菜、茴香、辣椒、葱、蒜、葵花子、酒、咖啡、浓茶，以及荔枝、龙眼、樱桃、杏、大枣、核桃、栗子等。

参考食疗方：

（1）蜂蜜银耳蒸百合：百合、蜂蜜、银耳，具有养阴生津润燥的功效，适合阴虚体质常感咽干口燥、皮肤干燥者食用。糖尿病患者不宜使用本方。

（2）莲子百合煲瘦肉：莲子（去芯）、百合、猪瘦肉，具有养阴清热、益气安神的功效，适合阴虚体质有虚烦失眠多梦者食用。

（四）起居调摄

居住环境宜安静，睡好"子午觉"。避免熬夜及在高温酷暑的环境中工作，不宜洗桑拿、泡温泉。节制房事，勿吸烟。注意防晒，保持皮肤湿润，宜选择清凉柔软透气的衣物。

（五）运动保健

宜做中小强度的运动项目，控制出汗量，及时补充水分。不宜进行大强度、大运动量的锻炼，避免在炎热的夏天或闷热的环境中运动。

可选择八段锦，在做完八段锦整套动作后将"摇头摆尾去心火"和"两手攀足固肾腰"加做1~3遍。也可选择练习太极拳、太极剑等。

（六）穴位保健

选穴：太溪、三阴交。

定位：太溪位于足内侧，内踝后方，当内踝尖与跟腱之间的凹陷处；三阴交位于小腿内侧，当足内踝尖上3寸，胫骨内侧缘后方（见图9-5）。

操作：采用指揉的方法（见平和质），每个穴位按揉2~3分钟，每天操作1~2次。

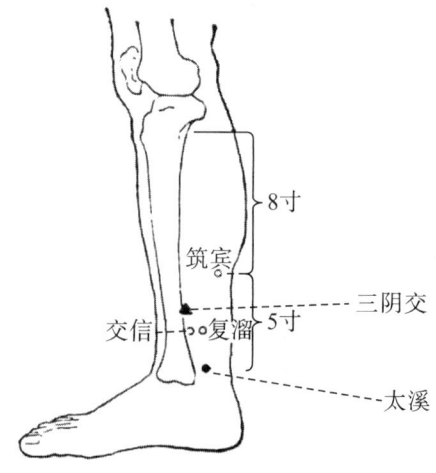

图9-5 三阴交、太溪位置示意

（注：图中黑三角为三阴交穴、黑点为太溪穴）

五、痰湿质

(一) 特征

(1) 总体特征：痰湿凝聚，以形体肥胖、腹部肥满、口黏苔腻等为特征表现。
(2) 形体特征：体形肥胖，腹部肥满松软。
(3) 常见表现：面部皮肤油脂较多，多汗且黏，胸闷，痰多，口黏腻或甜，喜食肥甘甜黏，苔腻，脉滑。
(4) 心理特征：性格温和、稳重，善于忍耐。
(5) 发病倾向：易患鼾症、中风、胸痹等病。
(6) 对外界环境适应能力：对梅雨季节及湿重环境适应能力差。

(二) 情志调摄

宜多参加社会活动，培养广泛的兴趣爱好。
宜欣赏激进、振奋的音乐，如二胡《赛马》等。

(三) 饮食调养

宜选用健脾助运、祛湿化痰的食物，如冬瓜、白萝卜、薏苡仁、赤小豆、荷叶、山楂、生姜、荠菜、紫菜、海带、鲫鱼、鲤鱼、鲈鱼、文蛤等。少食肥、甜、油炸、黏（腻）的食物。

参考食疗方：
(1) 荷叶粥：干荷叶、大米，具有祛湿降浊的功效，适合痰湿体质者食用。
(2) 冬瓜海带薏米排骨汤：冬瓜、海带、薏米、猪排骨（少量）、生姜，具有健脾祛湿、化痰消浊的功效，适合痰湿体质腹部肥满的老年人食用。

(四) 起居调摄

居住环境宜干燥，不宜潮湿，穿衣面料以棉、麻、丝等透气的天然纤维为佳，尽量保持宽松，有利于汗液蒸发，祛除体内湿气。
晚上睡觉枕头不宜过高，防止打鼾加重；早睡早起，适度运动，不要过于安逸，勿贪恋沙发和床榻。

(五) 运动保健

坚持长期运动锻炼，强度应根据自身的状况循序渐进。不宜在阴雨、湿冷的气候条件下运动。
可选择快走、武术以及打羽毛球等，使松弛的肌肉逐渐变得结实、致密。如果体重过重、膝盖受损，可选择游泳。

（六）穴位保健

选穴：丰隆、足三里。

定位：足三里（位置见气虚质）。丰隆位于小腿前外侧，当外踝尖上8寸，条口外，距胫骨前缘二横指处（图9-6）。

操作：采用指揉法（见平和质）。

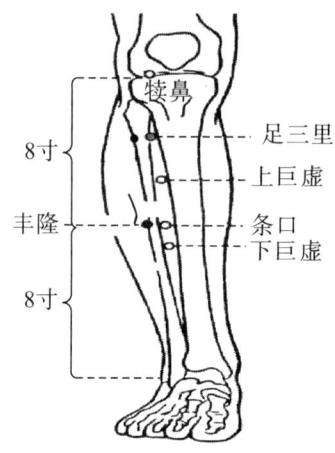

图9-6 足三里、丰隆位置示意

（注：图中黑点分别为足三里、丰隆穴）

六、湿热质

（一）特征

（1）总体特征：湿热内蕴，以面垢，有油光，口苦、苔黄腻等为特征表现。
（2）形体特征：形体中等或偏瘦。
（3）常见表现：面垢，有油光，口苦、口中异味，身重困倦，大便黏滞不畅，小便短黄，男性易阴囊潮湿，女性易带下发黄，舌质偏红，苔黄腻，脉滑数。
（4）心理特征：性格多变，易烦恼。
（5）发病倾向：易患皮肤湿疹、疮疖、口疮、黄疸等病。
（6）对外界环境适应能力：对夏末秋初气候湿热，湿重或气温偏高的环境较难适应。

（二）情志调摄

宜稳定情绪，尽量避免烦恼，可选择培养不同形式的兴趣爱好。
宜欣赏曲调悠扬的乐曲，如古筝《高山流水》等。

（三）饮食调养

宜选用甘寒或苦寒的清利化湿食物，如绿豆（芽）、绿茶、芹菜、黄瓜、苦瓜、西瓜、冬瓜、薏苡仁、赤小豆、马齿苋、藕等。少食羊肉、动物内脏等肥脂、油腻之品，以及韭菜、生姜、辣椒、胡椒、花椒和火锅、煎炸、烧烤等辛温助热的食物。

参考食疗方：

（1）老黄瓜赤小豆猪肉汤：老黄瓜、赤小豆、瘦猪肉（少量）、陈皮、生姜，具有清热利湿、理气和中的功效，适合湿热体质者食用。

（2）绿豆薏米粥：薏苡仁、绿豆，具有清热利湿解毒的功效，适合湿热体质易长疮疖者食用。

（四）起居调摄

居室宜干燥、通风良好，避免居处潮湿，可在室内用除湿器或空调改善湿、热的环境。选择款式宽松、透气性好的天然棉、麻、丝质服装。注意个人卫生，预防皮肤病变。

保持充足而有规律的睡眠，睡前半小时不宜思考问题、看情节紧张的电视节目，避免服用有兴奋作用的饮料，不宜吸烟、饮酒。保持二便通畅，防止湿热积聚。

（五）运动保健

宜做中长跑、游泳、各种球类、武术等强度较大的锻炼。夏季应避免在烈日下长时间活动，在秋高气爽的季节，经常选择爬山登高，更有助于祛除湿热。也可做八段锦，在完成整套动作后将"双手托天理三焦"和"调理脾胃须单举"加做 1~3 遍，每日 1 遍。

（六）穴位保健

选穴：支沟、阴陵泉。

定位：支沟穴位于前臂背侧，当阳池与肘尖的连线上，腕背横纹上 3 寸，尺骨与桡骨之间（图 9-7）。阴陵泉位于小腿内侧，当胫骨内侧髁后下凹陷处（图 9-8）。

操作：采用指揉法（见平和质）。阴陵泉还可以选择刮痧，先涂刮痧油，用刮痧板与皮肤呈 45°在穴位区域从上往下刮，以皮肤潮红或出现痧点为度。

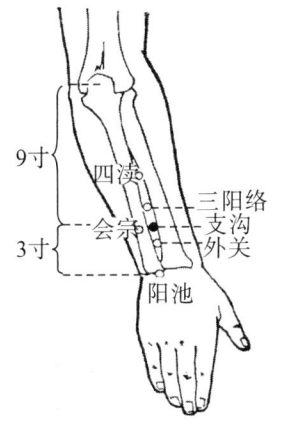

图 9-7 支沟位置示意

（注：图中黑点为支沟穴）

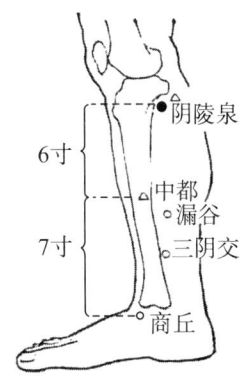

图 9-8 阴陵泉位置示意

（注：图中黑点为阴陵泉穴）

七、血瘀质

（一）特征

(1) 总体特征：血行不畅，以肤色晦暗、舌质紫黯等表现为主要特征。
(2) 形体特征：胖瘦均见。
(3) 常见表现：肤色晦暗，色素沉着，容易出现瘀斑，肢体麻木，好卧，口唇黯淡，舌黯或有瘀点，舌下络脉紫黯或增粗，脉涩。
(4) 心理特征：性格偏浮躁，易健忘。
(5) 发病倾向：易患胸痹、癥瘕及痛证、血证等。
(6) 对外界环境适应能力：不耐受寒邪。

（二）情志调摄

遇事宜沉稳，努力克服浮躁情绪。
宜欣赏流畅抒情的音乐，如《春江花月夜》等。

（三）饮食调养

宜选用具有调畅气血作用的食物，如生山楂、醋、玫瑰花、桃仁（花）、黑豆、油菜等。少食收涩、寒凉、冰冻之物，如乌梅、柿子、石榴、苦瓜、花生米，以及高脂肪、高胆固醇、油腻食物，如蛋黄、虾、猪头肉、猪脑、奶酪等。还可少量饮用葡萄酒、糯米甜酒，有助于促进血液运行，但高血压和冠心病等患者不宜饮用。女性月经期间慎用有活血作用的食物。

参考食疗方：
(1) 黑豆川芎粥：川芎、黑豆、大米具有活血祛瘀的功效，适合血瘀质者食用。
(2) 红花三七蒸老母鸡：老母鸡、三七、红花、陈皮，具有活血行气的功效，适合血瘀体质患有胸痹、痛证者食用。

（四）起居调摄

居室宜温暖舒适，不宜在阴暗、寒冷的环境中长期工作和生活。衣着宜宽松，注意保暖，保持大便通畅。不宜贪图安逸，宜在阳光充足的时候进行户外活动。避免长时间打麻将、看电视等久坐行为。

（五）运动保健

宜进行有助于促进气血运行的运动项目，持之以恒。如步行健身法，或者八段锦，在完成整套动作后将"左右开弓似射雕"和"背后七颠百病消"加做1~3遍。避免在封闭环境中进行锻炼。锻炼强度视身体情况而定，不宜进行大强度、大负荷运动，以防发生意外。

（六）穴位保健

选穴：期门、血海。

定位：期门位于胸部，当乳头直下，第 6 肋间隙，前正中线旁开 4 寸（图 9-9）。血海：屈膝，在大腿内侧，髌底内侧端上 2 寸，当股四头肌内侧头的隆起处（图 9-10）。

操作：采用指揉法（见平和质）。

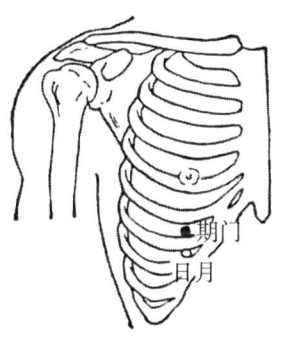

图 9-9 期门位置示意

（注：图中黑点为期门穴）

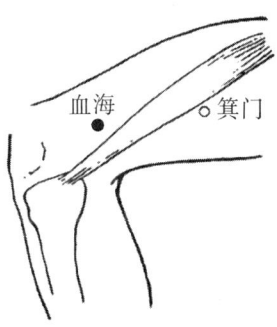

图 9-10 血海位置示意

（注：图中黑点为血海穴）

八、气郁质

（一）特征

（1）总体特征：气机郁滞，以抑郁、紧张、焦虑等为特征表现。

（2）形体特征：形体瘦者为多。

（3）常见表现：抑郁，紧张焦虑，烦闷不乐，有孤独感，容易受到惊吓，舌淡红，苔薄白，脉弦。

（4）心理特征：性格不稳定，敏感多虑。

（5）发病倾向：易患不寐、郁证等。

（6）对外界环境适应能力：对精神刺激适应能力较差；不适应阴雨天气。

（二）情志调摄

宜乐观开朗，多与他人相处，不苛求自己也不苛求他人。心情抑郁不能排解时，要积极寻找原因，及时向朋友倾诉。

宜欣赏节奏欢快、旋律优美的乐曲，如《金蛇狂舞》等，适宜看喜剧、励志剧，以及轻松愉悦的相声表演。

（三）饮食调养

宜选用具有理气解郁作用的食物，如黄花菜、菊花、玫瑰花、茉莉花、大麦、金橘、柑橘、柚子等。少食收敛酸涩的食物，如石榴、乌梅、青梅、杨梅、草莓、杨桃、酸枣、李子、柠檬、南瓜、泡菜等。

参考食疗方：

（1）三花茶：茉莉花、菊花、玫瑰花，具有行气解郁的功效，适合气郁质者饮用。

（2）黄花菜瘦肉汤：黄花菜（水焯）、猪瘦肉、生姜，适量油盐。具有疏肝解郁功效，适合气郁质者食用。

（四）起居调摄

尽量增加户外活动和社交，防止一人独处时产生孤独感。居室保持安静，宜宽敞、明亮。平日保持有规律的睡眠，睡前避免饮用茶、咖啡和可可等有兴奋作用的饮料。衣着宜柔软、透气、舒适。

（五）运动保健

宜多参加群体性体育运动项目，适当进行较大强度、较大负荷的"发泄式"锻炼，如跑步、登山、游泳。也可参与下棋、打牌等娱乐活动，分散注意力。

（六）穴位保健

选穴：合谷、太冲。

定位：合谷位于手背，第1、2掌骨间，当第2掌骨桡侧的中点处（图9-11）。太冲位于足背侧，当第1跖骨间隙的后方凹陷处（图9-12）。

操作：采用指揉的方法（见平和质）。

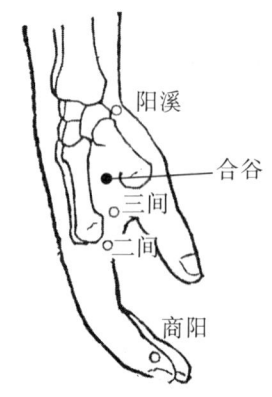
图9-11　手背部合谷位置示意
（注：图中黑点为合谷穴）

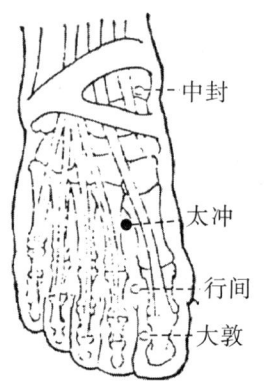
图9-12　足背部太冲位置示意
（注：图中黑点为太冲穴）

九、特禀质

(一) 特征

(1) 总体特征：一类为过敏体质者，禀赋不耐、异气外侵，以易发生过敏反应等为特征表现；先天失常者为另一类特禀质，以禀赋异常为主要特征表现。

(2) 形体特征：过敏体质者一般无特殊；先天失常者或有畸形，或有生理缺陷。

(3) 常见表现：过敏体质者常见哮喘、荨麻疹、咽痒、鼻塞、喷嚏等；先天失常者患遗传性疾病者，有垂直遗传、先天性、家族性疾病特征。

(4) 心理特征：随禀质不同情况各异。

(5) 发病倾向：过敏体质者易患哮喘、荨麻疹、过敏性鼻炎及药物过敏等；遗传疾病如血友病等。

(6) 对外界环境适应能力：适应能力差，过敏体质者对季节变化、异气外侵适应能力差，易引发宿疾。

(二) 情志调摄

过敏体质的人因对过敏原敏感，容易产生紧张、焦虑等情绪，因此在尽量避免接触过敏原的同时，还应避免紧张情绪。

(三) 饮食调养

饮食宜均衡，粗、细粮食搭配适当，荤素配伍合理，宜多食益气固表的食物，尽量少食辛辣、腥膻食物，不食含致敏物质的食品，如蚕豆、白扁豆、羊肉、虾、蟹、辣椒等。

参考食疗方：

(1) 固表粥：乌梅、黄芪、当归、粳米，具有益气养血脱敏的功效，适合过敏体质易发皮肤过敏者食用。

(2) 黄芪首乌藤炖猪瘦肉：黄芪、首乌藤、猪瘦肉、食盐、葱、生姜、料酒、味精各适量，具有益气养血、祛风脱敏的功效，适合过敏体质者食用。

(四) 起居调摄

起居要有规律，保持充足的睡眠时间。居室宜通风良好。生活环境中接触的物品如枕头、棉被、床垫、地毯、窗帘、衣橱易有尘螨，可引起过敏，应经常清洗、日晒。外出也要避免处在花粉及粉刷油漆的空气中，以免刺激而诱发过敏病症。

(五) 运动保健

宜进行慢跑、散步等户外活动，也可选择下棋、瑜伽等室内活动。不宜选择大运动量的活动，避免春天或季节交替时长时间在野外锻炼。运动时注意避风寒，如出现哮喘、憋闷的现象应及时停止运动。

（六）穴位保健

选穴：神阙、曲池。

定位：神阙位于腹中部，脐中央（图 9-13）。曲池位于肘横纹外侧端，屈肘，当尺泽与在肘横纹外侧端与肱骨外上髁连线中点（图 9-14）。

操作：神阙采用温和灸（见气虚质）。曲池采用指揉法（见平和质）。

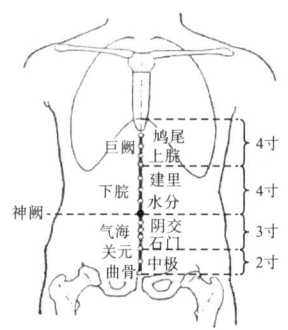

图 9-13 腹部神阙位置示意

（注：图中黑点为神阙穴）

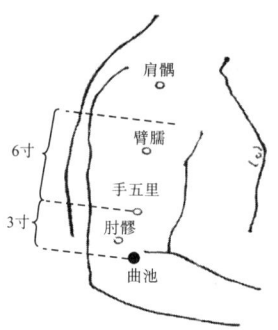

图 9-14 肘部曲池位置示意

（注：图中黑点为曲池穴）

第二节 中医传统康复技术的运用

一、中医传统康复技术概述

中医传统康复技术包括针灸、按摩、刮痧、拔罐、艾灸、熏洗、穴位敷贴等中医理论指导下的治疗技术，以及中医理论指导下的个性化起居养生、膳食调养、情志调养、运动保健等健康干预。

在老年慢性病管理中，主要运用的中医传统康复技术有电针、温针灸、艾灸、隔物灸、热敏灸、拔罐、穴位敷贴、按摩、刮痧、耳穴、中药熏洗、足浴、三伏贴、三九贴等。

二、中医传统康复技术的运用

1. 电针

作用：可调整人体生理功能，有止痛、镇静，促进气血循环，调整肌张力等作用。

适应证：常用于各种痛证、痹证和心、胃、肠、膀胱、子宫等器官的功能失调，以及肌肉、韧带、关节疾病等。

2. 温针灸

作用：以针刺为主，借助灸将热力通过针体传入腧穴，以温通经脉。

适应证：主要针对慢性病、虚寒证等，如久泄、痰饮、水肿、痿证、痹证、腹痛、胃痛、阳痿、遗尿、疝、虚劳，妇女崩漏、阴挺、中风脱证、外科阴疽、瘰疬、瘿瘤等。

3. 艾灸

作用：温经散寒、温阳固中、消瘀散结、防病延年，活跃脏腑功能，促进新陈代谢，调节自主神经功能，提高抗病能力。

适应证：应用于各种虚证、寒证，如慢性腹泻、寒痹、着痹、急性腹痛及妇科的月经不调、痛经等。

4. 拔罐

作用：可以逐寒祛湿、疏通经络、祛除瘀滞、行气活血、消肿止痛、拔毒泻热、调畅气血、扶正祛邪，提高白细胞的吞噬能力、增强人体免疫功能、治疗各科病症。

适应证：常用于治疗风寒湿痹、虚劳喘息等外感内伤疾患，也可治疗腰背疼痛、软组织扭挫伤、肩周炎、颈椎病、神经痛、疖、痈等。

5. 穴位敷贴

作用：主要有温经通络、散寒祛湿、温肺化痰、温胃止痛、理气活血、补肾壮阳等作用，能扶正祛邪，预防疾病的发生和复发。

适应证：适用于一切中医中的寒性、风湿性疾病，目前临床上用此法治疗最多的是哮喘、慢性支气管炎、过敏性鼻炎、慢性咽喉炎、反复感冒、慢性胃炎、慢性腹泻与痢疾、风湿性关节炎、类风湿关节炎、肩周炎、腰腿痛、冻疮、四肢末端循环障碍等。

6. 按摩

作用：调节机体生理、病理状况，达到防病治病、延年益寿等目的的一种物理疗法。

适应证：治疗骨关节痹痛，软组织损伤、瘀肿、疼痛，内科、妇科、内科、儿科疾病等。五官科及保健美容科也适用，尤其是对于慢性病、功能性疾病疗效较好。

7. 刮痧

作用：利用刮痧板和刮痧油，刮拭人体体表、关节、神经和血管产生一定的刺激，从而达到活血化瘀、舒筋通络、调和气血和调整脏腑功能的功效。

适应证：主要用于呼吸系统和消化系统及其他系统疾病。呼吸系统疾病包括中暑、伤暑表证、伤暑里证、感冒、发热、咳嗽、风热咽痛、头昏脑涨。消化及其他系统疾病包括呕吐、腹痛、痞积、伤食所致呕吐腹泻，小腿痉挛疼痛、汗出不畅、风湿痹痛。

8. 耳穴敷贴

作用：在耳郭选择特定部位进行穴位敷贴治疗，借助中药贴穴刺激达到调整、治疗人体五脏六腑功能和疾病的目的。

适应证：全身各系统疾病。

9. 中药熏蒸

作用：对改善微循环、镇痛及活络关节有良好效果，具有显著的生理、药理效应。

适应证：适用于痹症导致的关节肿胀、疼痛和活动受限；腰肌劳损、腰背软组织挫伤、腰部软组织无菌性炎症所致腰酸背痛；肩周炎、颈椎病、落枕、劳累及韧带退行性病变所致不适；骨关节炎、肌腱炎、筋膜炎、腱鞘炎、脉管炎；骨折固定解除后功能康复；伤风感冒、哮喘等。

第三节　现代康复技术的运用

现代康复技术是促进暂时性和永久性躯体残疾及功能障碍者身心功能恢复的新型治疗技术。目的是使患者能够尽可能地恢复日常生活、学习、工作及社会生活的能力，融入社会，改善生活质量。

康复治疗前应先对病、伤、残者进行康复评估，然后根据其康复需要与客观条件，制订康复治疗方案。康复方案的制订和实施通常以康复医生为主导，与康复专业治疗师和相关临床学科人员共同协作完成。治疗方法主要有物理治疗、作业治疗、吞咽治疗、心理治疗等。

一、康复评定

对残疾或功能障碍者的残存功能或恢复潜力进行评定，做出康复诊断，制订康复计划，对治疗结果及随访结果进行综合分析。根据疾病的特点，选择合适的训练方法，制订治疗方案。常见的康复评定内容如下。

（一）物理治疗评定

物理治疗评定包括身体形态评定、肌力评定、感觉评定、协调评定、心血管功能评定等。

（二）作业治疗评定

作业治疗评定包括日常生活活动能力评定、手功能评定、知觉功能评定、认知功能评定等。

（三）吞咽障碍评定

吞咽障碍评定包括洼田饮水试验、吞咽障碍筛查。

（四）心肺功能评定

吞咽障碍评定包括心功能评估、肺功能评估。

（五）心理健康评定

心理健康评定包括抑郁评估、精神专科评估。

（六）其他评定

其他评定包括睡眠评定。

二、康复治疗

（一）物理治疗

1. 常用治疗方法

常用治疗方法包括但不限于运动治疗、物理因子治疗。

（1）运动治疗：指采用器械训练、徒手训练或患者自身力量训练等运动治疗技术，通过主动或被动运动等，使患者获得全身或局部运动功能、感觉功能恢复的治疗方法。

（2）物理因子治疗：指采用电疗法、光疗法、磁疗法、超声波疗法、冷疗法、热疗法、压力疗法等方法改善血液循环，增强免疫，促进组织修复，提高肌腱伸展性，减轻关节僵硬，预防和治疗肌肉组织、关节相关疾病的治疗方法。

2. 临床运用

（1）肌肉组织、关节相关疾病治疗：通过运动训练，维持和恢复因组织粘连和肌肉痉挛等引发的关节功能障碍、肌张力问题。

（2）吞咽治疗：运用物理因子治疗与吞咽肌力训练等对吞咽障碍进行治疗。

（3）心肺康复治疗：采用徒手训练、器械训练等运动治疗技术，结合物理因子治疗，促进患者进行心肌、呼吸肌肌力训练，以改善心、肺功能，减少肺部感染概率，提高患者生存质量。

针对以上治疗，康复治疗师均按照《常用康复治疗技术操作规范（2012年版）》相关要求为老人提供康复服务。

（二）作业治疗

作业治疗包括但不限于自助具适配、助行器使用、轮椅选择与使用、矫形器制作与使用等。

作业治疗通过日常生活活动训练、娱乐与休闲活动训练、手功能训练、知觉功能训练等提高老年人生活和劳动能力。

护理员指导和协助老人正确使用拐杖、步行器、支架、轮椅等助行器具。

康复治疗师按照《常用康复治疗技术操作规范（2012年版）》相关要求为老年人提供作业治疗康复服务。

（三）心理治疗

心理治疗包括但不限于环境适应、情绪疏导、心理支持、危机干预、情志调节等。

在心理治疗过程中，由心理咨询师、社会工作者、医护人员或经过心理学相关培训的医疗护理员、养老护理员承担相应服务工作。

机构配备提供心理或精神支持服务必要的环境、设施与设备。

帮助刚入住机构的老人熟悉机构环境，融入集体生活。

掌握老人心理和精神状况，发现异常及时与老人沟通，并告知专业医生与老人家属，必要时请专业人员协助处理或转至专业医疗机构。

定期组织志愿者为老人提供服务，鼓励老人与外界社会的接触交往；倡导老人参与力所能及的志愿活动。

协调督促老人家属定期探访老人，与老人保持联系。

（四）其他辅助治疗

辅助治疗包括但不限于观察老年人日常生活情况变化、协助或指导老年人使用辅助器具、化验标本的收集送检、陪同老年人就医并协助老年人完成医疗护理工作等。

护理员若发现老年人日常生活情况变化，应当及时通知医护人员。

护理员遵医嘱协助完成化验标本的收集与送检，及时取出检验结果报告并递交给医护人员。

陪同就医并保障老年人安全，及时向监护人反馈就诊情况。就医完成后，遵医嘱协助老人服药，与其他服务人员完成工作交接。

第四节　中医药相关服务

一、适用范围

根据四季养生原则及中医基础理论，辨证论治，着重对老人五脏、气血、阴阳的调理，改善其睡眠，调理亚健康状态，改善便秘，增强体质。

二、临床运用

1. 治疗常见慢性病

通过辨证分型，开具相应中药处方；根据老人需要进行汤剂、丸剂、膏剂等不同剂型的加工，由护理人员协助老人服用，以达到治疗疾病的目的。

2. 治未病

根据老人体质辨识情况，采用中药配方与食物共同烹饪的方式，制成药膳供老人食用，达到调整气血、阴阳及改善亚健康状况的目的。

第十章 老年人膳食与营养管理

本章依据《中国居民膳食指南（2016）》《国民营养计划（2017—2030年）》等文件精神，结合老年人身体机能与患慢性病老年人的膳食与营养情况，本章主要针对医养结合机构及居家老年人常见的膳食与营养风险、膳食与营养管理要素（评估、制定个性化营养食谱或治疗性营养餐，指导食堂进行规范制作或专业人员配置、协助或指导老年人进食，定期进行阶段性效果评价，根据评价结果调整营养干预方案）、老年慢性病患者膳食与营养建议进行阐述，以改善老年人营养状况与身体功能，提升其生活品质与生命质量。

第一节 老年人体质特点

老年人组织器官和组织功能逐渐退化，表现为呼吸功能减弱，心脏肌肉萎缩，血管壁弹性下降，各种腺体分泌功能减弱等，其体内代谢过程以消耗（分解代谢）为主，同时会出现肾脏排泄功能降低。因此老年人容易出现低蛋白、高血脂、高血糖、高血压、高尿酸、动脉硬化等问题。

第二节 常见的膳食与营养风险

一、低蛋白水肿与营养不良

老年人胃肠功能衰退，对食物中的营养成分出现消化吸收障碍，易引起蛋白质摄入不足，出现低蛋白水肿与营养不良。

二、肌肉衰减综合征

肌肉衰减综合征的发病与老龄化、内分泌系统功能变化、营养失衡、体力活动力下降等有关。蛋白质与钙的摄入不足或吸收不良，可导致肌肉萎缩和无力（四肢肌无力、吞咽功能障碍、心功能下降等）；同时由于老年人骨胶原蛋白减少且常合并骨质疏松症，易发生跌倒和骨折等意外事件。

三、代谢综合征

由于各种腺体分泌功能减弱，老年人易出现糖脂代谢紊乱（高血脂、高血糖）；肾脏代谢功能降低、高血压（继发性）、高尿酸血症等。

第三节　机构膳食与营养管理要素

一、营养风险评估

对入住机构的老年人进行营养风险评估，通过测量皮褶厚度、小腿围、手臂围，检测生化指标等，结合老年人生活习惯等，进行综合评估。

二、干预措施制订

依据风险评估结果，结合老年人罹患慢性病的情况、机体状态，针对性地制订营养干预措施。具体包括营养指导、膳食营养食谱制订（如高血压食谱、糖尿病食谱、低脂食谱等），治疗性营养餐制订（蛋白质、维生素、双歧因子、膳食纤维、氨基酸等）；同时结合老年人生活习惯与个人饮食喜好进行个性化食谱的制订。

三、膳食与营养餐制作

（一）食材与营养制剂采购

1. 食材采购

按食谱计划采购相应食材，食材（品）选择应保证品质良好、供应渠道安全等（由有经营资质的供应商提供，有合格证、有效期，保质期标识清楚），新鲜食材应及时采购与使用，保证有效营养成分不损耗。

2. 营养制剂采购

采购有相应生产与销售资质的医学营养食品，产品合格、检验证书齐全，有临床使用评价好的相关证明资料。

（二）食材验收与储存

1. 验收

验收工作可以确保所采购食材的品质与规格。验收过程必须严格，医疗膳食验收人员不仅需要对食材种类、数量、品质具有良好的判断力，而且还需要检查食材是否受损以及品质、数量是否与订购单上一致。对于不合格的食材应坚决予以退、换。

2. 储存

验收后的食材要经常检查，遵循先进先出的原则，保证食材在保质期内使用，不浪费。食材储存环境应阴凉干燥，做好防鼠、防蚊虫、防潮等工作，需要低温保存的食材（品）应放入冰箱保存，加工的半成品应贴好标识，低温保存，并在规定的时间内使用。

（三）食品制作与营养餐配置

1. 食品制作

老年人食品应清淡、富有营养，因此烹饪方式多以蒸、煮、炖为主，少煎、炒。配料应清淡，少辛辣厚味。

2. 营养餐配置

按照营养餐处方，将相应质量的各类营养素配置成干粉或水剂，其中水剂应注意配置后及时使用。

3. 老年人进食照料

老年人由于吞咽功能减退或丧失，吞咽食物时应细嚼慢咽，或采取胃管进食，因此老年人进食照料尤为重要。进食的体位、食物的软硬与黏稠度皆应进行系统的安排，对照护人员进行专业的培训和指导。

四、定期效果评价

对老年人膳食与营养情况进行综合评估，包括体脂、身体机能与生化指标的变化情况，对膳食与营养改善情况进行评价，确定干预措施或方案是否需进行相应调整。

第四节　居家膳食与营养管理要素

参照机构管理方法进行膳食与营养要素的管理，由专业营养师在门诊或上门对老年人进行膳食与营养风险评估，开具营养处方或营养食谱，指导老年人家属或陪护人员购买食材（品），协助老年人就餐。营养师定期进行干预效果评价，然后确定是否调整营养处方、食谱及干预措施。

第五节　老年慢性疾病患者膳食与营养建议

一、高血压患者

高血压患者的食谱因人而异，尤其是合并有冠心病、糖尿病、肾病的患者。如果没有上述的合并疾病，则推荐食谱如下：早餐，酸奶或牛奶 250 克，面包 100 克。午餐和晚餐相对正式一些，但晚餐以七八分饱为宜。正餐以低盐、低脂饮食为主，蔬菜每日 400~500 克。推荐的蔬菜有芹菜、菠菜、油菜、海带（注意甲状腺疾病患者需慎服）、豆腐、马铃薯、花生、洋葱、胡萝卜、黄豆芽、木耳、茄子等。肉类少吃红肉，以白肉、鱼、虾等为主。水果有香蕉、苹果、山楂。饮料可以喝橙汁。

二、高血糖患者

糖尿病患者的食谱需要根据患者的身高、体重和活动量具体计算。将摄入能量合理分配到三餐。主食以米、面为主，可以掺杂一些富含纤维素的燕麦、玉米面或荞麦等。蛋白质方面，如果没有肾脏疾患，可以以大豆及其制品替代一部分动物蛋白（部分肉类），尽量地减少高脂肪饮食，在控制热量的同时可以吃含糖量比较低的一些蔬菜，增加饱腹感，比如白菜等。有饥饿感的时候可以进行补充，如黄瓜，西红柿等。尽量避免高糖、高脂肪、高能量、高脂肪的食物或饮料。有条件者应配合适量运动。

三、高血脂患者

高血脂患者需要严格地控制饮食，平日饮食应低盐、低脂、低能量，限制总体的能量摄入。控制主食摄入，主食以碳水化合物与复合碳水化合物为主，可以选择谷类、薯类及各种粗粮，严格限制油炸食品、甜点、蜂蜜等高糖食物的摄入。可多吃水果、坚果，水果推荐每天 360g，坚果每天 25g。限制能量的摄入也要注意增加运动量，维持理想的体重。

四、高尿酸患者

高尿酸患者首先需要避免高嘌呤食物的摄入，如海鲜、动物内脏、高汤、高糖饮料等。牛奶和鸡蛋含有蛋白质，嘌呤含量比较低；豆制品在加工过程中部分嘌呤已经流失，可以适当地食用。多饮水，最好能够保持尿量每天在 2000ml 左右。戒烟、戒酒，因为烟、酒对降低尿酸都不利。肥胖患者要注意进行体育锻炼，控制体重。

五、低蛋白营养不良患者

低蛋白营养不良的预防和治疗在于供给充足的营养，增加供给动物蛋白、植物蛋白和新鲜蔬菜。患者在饮食方面需定时定量，摄入优质的蛋白质，如鸡蛋、鱼、牛奶、精瘦肉、虾等，还要适当吃一些豆制品及新鲜的蔬菜和瓜果，注意营养均衡。肠胃功能差的老年人可直接食用小颗粒蛋白粉。

第六节 常用的肠内营养制剂

一、完全蛋白制剂（酪蛋白）

完全蛋白制剂（酪蛋白）适用于有胃肠道功能或部分胃肠道功能、具有消化蛋白质能力的营养不良患者。（注意：该制剂使用中不宜高温加热；可用于糖尿病的患者。）

二、短肽类制剂（乳清蛋白）

短肽类制剂（乳清蛋白）适应于胃肠功能受损，存在代谢性胃肠道功能障碍的营养不良患者。（注意：使用中不宜高温加热；可用于糖尿病的患者。）

三、氨基酸制剂（氨基酸）

氨基酸制剂（氨基酸）适用于具有部分肠道功能，有一定吸收能力的营养不良患者。（注意：可加热，糖尿病患者慎用；长期使用可引发必需脂肪酸缺乏，应定期补充脂肪乳；含少量电解质，应根据患者病情适当补充电解质。）

四、含纤维素的制剂（能全素类）

含纤维素的制剂（能全素类）适用于免疫功能低下的老年人，是可以保护肠道的营养制剂。

第十一章 医养结合机构安全管理建议

依据《医疗机构患者活动场所及坐卧设施安全要求》(WS 444.1-2014)、《养老机构安全管理》(MZ/T 032-2012)、《养老机构服务质量基本规范》(GB/T 35796-2017)、《养老机构等级划分与评定》(GB/T 37276-2018),医养结合机构应当建立相应的安全管理体系与风险防范制度,对安全隐患进行防范。

第一节 组织架构建议

医养结合机构应当建立健全应对常态危机和突发危机的应急体系和工作机制,明确相应部门职责,建设应急防范队伍,及早报告并处理突发事件。

根据医养结合机构服务的性质,结合工作实际,参考相关部门制定的标准规范,制定消防、食品、医疗、护理、院感、照护等服务工作中常见问题的安全监管流程和防控措施,确保机构正常运行。

一,成立安全管理工作领导小组(或安全管理委员会),全面履行安全工作的领导、质量管理、监督考核等相关工作;二,建立院、科、员三级安全管理网络,签订安全管理责任书,定期开展质量检查、考核,考核结果纳入绩效管理;三,建立安全质量问题台账,做到定期销账,促进安全质量持续改进。

第二节 制度建设建议

为做到有章可循,根据机构的服务对象、服务方式及服务流程和内容,参考上级部门文件,制定与之相匹配的医疗、护理、照护等管理制度、工作制度、工作流程、操作手册、考核办法等,保证工作安全有序开展。

第三节 风险管控的建议

机构应建立安全风险防控机制,制定各类突发事件应急预案,落实日常安全巡查、定期开展风险隐患排查与整治;强化安全知识及应急预案的培训与演练,严格进行质量监督与考核，杜绝安全事件发生。

第四节 常见问题管理建议

一、消防安全

本节依据《中华人民共和国消防法》《建筑消防设施维护保养规范》等相关消防安全法律法规，结合医养结合机构服务的主要对象为行动不便的老年群体、失能失智人员的特点，针对机构常见的消防安全问题进行分析而编写本节内容。

（一）常见的消防安全问题

（1）电气线路存在安全隐患。因电线未穿管保护、电线老化、插座破损等问题，导致电线短路、过载引发火灾。

（2）违规使用大功率电器造成消防安全隐患。

（3）消防设施维护不到位。灭火器材维护不到位，存在数量不够、压力不足等问题；消防水袋和水枪损坏；应急照明灯和疏散指示标志设置不规范。

（4）杂物占用消防通道。杂物堆放在疏散通道内。同时，堆放的可燃物品有可能被引燃，导致通道烟雾弥漫、引发明火，造成危险。

（5）从业人员安全意识较差。机构从业人员对火灾的危险性认识不足，缺乏消防逃生知识，一旦发生火灾，易形成混乱的局面。

（二）应急处置

（1）针对存在的安全隐患问题进行及时处理，坚决防止火灾事故的发生。

（2）当发生不明原因的火灾事故时，现场发现人应第一时间拿起灭火器扑灭初起火苗，同时呼叫旁边人员寻求协助，报告值班人员、科室主任；如火势较大，在呼救的同时，请旁边人拨打"119"报警、关闭总电源，其他工作人员到达后转运和疏散老人、患者，等待消防人员到达，在空旷地带对受伤人员进行救治和安抚。

（三）预防措施

1. 强化管理

（1）制定用火、用电、用气安全制度和特种设备管理制度，火灾防范措施并严格落实。

（2）消防控制室落实24小时人员值班制度，院内落实消防24小时巡查制度。

（3）科室设置消防安全员，开展日常巡查，建立隐患台账，限期整改，完善登记。

（4）保持各项消防安全警示标示清晰可见。

2. 专业预防

（1）采取专业人员定期巡检与院内工作人员随时检查的方式，对电气线路、设备，变配电室、配电箱、发电机房，生活配餐间、锅炉房、食堂炉灶、中心供氧室、液化气瓶间、氧气瓶存放室、消防水泵房及消防水箱开展日常安全巡查工作。

（2）安全出口、消防疏散通道保持畅通，防火门应常闭。

（3）加大对高风险点位的巡查，如易燃易爆物品存放室、电瓶车集中充电处等。

（4）定期开展消防安全知识培训，机构人员应熟知消防安全"三懂四会"内容，增强机构人员防御火灾和应急疏散能力。

"三懂"：懂场所的火灾危险性，懂预防火灾的措施，懂扑救火灾的方法；"四会"：会拨打"119"报警，会使用灭火器材扑救初期火灾，会组织人员安全疏散，会开展日常消防安全教育。

二、食品安全

按照《中华人民共和国食品安全法》与食品安全相关标准，落实食品安全管理工作。由于食品安全贯穿于食品/材采购、制作、储存、食物发放、食用的全过程，同时老年人体质虚弱、胃肠功能较差，因此食品安全问题的发生概率较高。为全面做好食品安全工作，杜绝安全事件的发生，主要针对医养结合机构常见的食品安全问题进行分析。

（一）常见的食品安全管理问题

1. 食品/材采购与使用安全控制不规范

（1）采购和使用致病性微生物、农药、兽药、生物毒素、重金属、污染物质及其他危害人体健康的物质含量超过食品安全标准限量的食品、食品添加剂。

（2）采购和使用超过保质期的食品原料、食品添加剂生产食品、食品添加剂。

（3）采购和使用含有超限量食品添加剂的食品。

（4）采购和使用腐败变质、油脂酸败、霉变生虫、污秽不洁、混有异物、掺假掺杂或者感官性状异常的食品、食品添加剂（亚硝酸盐超标等）。

（5）采购和使用三无食品（无生产日期与保质期、无产品合格证、经销商无经营许可证）。

2. 食品加工制作不规范

（1）制作未煮熟煮透的食物，如菌类、蔬菜（四季豆与土豆）、肉类、禽类。

（2）制作受致病性微生物污染的凉拌菜。

（3）使用油炸、爆炒等制作方法，使食物营养成分受到破坏，油脂重，不符合老年人饮食健康与营养需求。

3. 食品储存不规范

（1）食材与食品储藏设备与环境不符合要求，冰箱/柜未达到冷藏条件；储藏环境潮湿、温度较高；门窗设置不符合要求等。

（2）半成品食物存放无时间标识，超限期使用已变质的食物。

4. 除四害管理不规范

消杀药品未做到专人专柜专锁管理，消杀方法不正确，消杀期间与消杀结束后室内器具与物品未按要求进行管理等。

5. 食品留样管理不规范

（1）未按要求的时间与分量对食品进行留样。
（2）留样登记不规范，留样冰柜未做到专人专锁管理。

6. 食堂卫生管理不规范

（1）工作人员手卫生执行不严、衣帽不整洁。
（2）工作人员每日健康监测不规范，可能会发生带病上岗现象。

7. 食品安全教育与管理不规范

（1）未定期进行食品安全教育与培训，工作人员安全意识淡薄，操作不规范。
（2）未定期进行食品安全检查与指导工作。
（3）未制定与培训、演练食品安全事件应急预案，或应急预案内容不全面、不具有可操作性。

（二）常见的食品安全事件——食物中毒

1. 特点

（1）食物中毒的发生与摄入某种食物有关。
（2）发病潜伏期短，来势急剧，在人群中可呈暴发流行。
（3）所有中毒患者的临床表现基本相似。
（4）一般无人与人之间的直接传染。

2. 分类

食物中毒分为细菌性食物中毒、有毒动植物中毒、真菌毒素和霉变食品中毒及化学性食物中毒等，其中较常见的有：有毒植物（含氰苷果仁、木薯、四季豆等）与化学性（亚硝酸盐、农药等）食物中毒。

3. 应急处置

发生食物中毒时，立即按照预案要求进行报告与处置：包括医疗救治、停止使用尚未使用的可疑食品、流行病学调查、问题食品的封存、食品来源调查、现场秩序维护、向上级部门及时报告等工作。

（三）预防措施

加强食堂工作人员食品安全与卫生知识的培训教育工作，增强安全责任意识。
食堂工作人员严格执行健康监测和上岗制度，杜绝带病上岗。
严格执行安全操作规范，在食品采购、加工制作、储存与发放的各个环节防止食品受到污染。
职能科室落实定期食品安全督查，检查结果运用于工作人员绩效考核，严格兑现奖惩。

（四）居家食品安全管理

1. 常见的食品安全隐患

居家食品安全隐患同样存在于采购、加工制作、储存的每个环节。

2. 预防

不购买霉变、受细菌污染、变质等有毒的食材与食品。

食品储存、加工制作参照机构相应管理办法。

三、医疗安全

按照国家《医疗质量管理办法》《医疗安全（不良）事件报告暂行规定》等相关文件精神，结合医养结合机构服务对象存在医疗安全风险的特殊性，结合相关要求，针对常见医疗（安全）不良事件进行举例分析，以提高机构与个人安全意识，加强医疗质量管理重点部门和关键环节的安全与风险管理，落实患者安全目标。

（一）常见医疗安全（不良）事件

1. 疾病诊断治疗类

疾病错误诊断、漏诊，治疗不及时，护理治疗查对错误及院内感染事件等。

2. 不良治疗类

错误用药、多用药与药物不良反应等。

3. 意外事件类

跌倒、坠床、烫伤、自杀自残、猝死等。

4. 辅助检查类

辅助检查报告错误、标本丢失、标本错误等。

5. 医患沟通类

医患沟通不良、语言冲突、行为冲突等。

（二）医疗安全（不良）事件的处置

1. 防止事态扩大

立即采取有效措施，不激化矛盾，就近请求高年资同事给予帮助，防止事态损害扩大。

2. 严格执行报告制度

立即向科室负责人报告，请求协助，由科室负责人向医务科或护理部报告，事态较严重者，必须及时向院领导进行报告。

3. 应急处理

（1）疾病诊断治疗类。

由上一级医生或护士进行纠错，并及时采取补救措施，做好患方安抚工作。当发生院内感染事件时，由管理科室负责人指导科室做好院内感染控制工作，及时报告院领导安排好隔离与救治工作。

（2）不良治疗类。

当发现错误用药、多用药与药物不良反应时，立即报告上一级医生邀请专家会诊，及时采取措施进行全力救治，做好患者及家属安抚工作。

（3）意外事件类。

当发生跌倒、坠床、烫伤、自杀自残、猝死等紧急情况时，立即请求协助将患者转移至安全地带，及时救治，同步采取有效措施，防止伤害进一步加大。

（4）辅助检查类。

当发生辅助检查报告错误、标本丢失、标本错误等，与患方进行有效沟通，并采取补救措施（重新采样检查）解决实际问题。

（5）医患矛盾问题。

医患矛盾的当事工作人员等待科室负责人到达后，采取暂时回避现场的办法。由科室负责人安排处理后续事务，争取与患方进行有效沟通，协商解决问题的办法，达成一致意见。

4. 预防措施

强化医疗质量与安全相关文件制度的学习，提升医疗服务质量、技术水平与安全责任意识。

结合单位实际，制定相关制度和应急管理预案，定期开展培训、监督和考核，促进规范化管理。

加强日常安全与质量管理：

（1）建立医疗（安全）不良事件信息采集、记录和报告相关制度，并将其作为医疗机构持续改进医疗质量的重要基础工作。

（2）建立药品不良反应、药品损害事件和医疗器械不良事件监测报告制度，并按照国家有关规定向相关部门报告。

（3）建立医疗安全与风险管理体系，加强医疗质量重点部门和关键环节的安全与风险管理，落实患者安全目标。

（4）建立完善相关制度，提高风险防范意识，利用医疗责任保险、医疗意外保险等风险分担形式，保障医患双方合法权益。

（5）严格落实制度、预案，预防、减少医疗纠纷的发生。完善投诉管理流程及制度，及时化解和妥善处理医疗纠纷。

(三）居家医疗服务安全（不良）事件

1. 常见的安全（不良）事件

常见的安全事件：突发意外（跌倒、坠床、病情突然加重、猝死）、用药安全（服错药品、剂量不正确）、治疗安全（治疗过程中发生晕厥、药物过敏）等。

2. 应急处置

(1) 突发意外情况：立即拨打急救电话，突发疾病可自服急救药品等。
(2) 用药安全问题：发现误服药物，及时送医。
(3) 治疗安全问题：在康复治疗、注射治疗过程中，老人发生晕厥，立即停止治疗，就地采取急救措施，同时拨打"120"急救电话，及时送医院治疗。

3. 预防

(1) 建立紧急联系通讯簿、安装应急报警装置，指导老人或陪护人员在出现紧急情况时及时拨打求助电话，家中备急救药品。
(2) 教会老人与陪护人员现场自救的方法。
(3) 家人或陪护人员协助老人服药，采用药品分装盒，遵医嘱分好药、按时服用。
(4) 充分评估老人病情后，适宜家中治疗的才安排居家康复、注射治疗等服务。

四、护理安全

在医养结合机构入住的老人普遍高龄且多病共存，这增加了护理难度及护理风险。即使护理人员在护理工作中严格遵循护理制度和操作规程，准确实施护理计划，也难免存在安全风险和发生安全问题。针对常见的护理安全问题进行举例分析，可以减少护理安全问题的发生，最大限度保证患者安全。

（一）常见护理安全问题

1. 跌倒

引起跌倒发生的高危因素：
年龄：≥65岁。
意识：意识障碍或深度昏迷。
行走能力：步态不稳或需要使用助行器或轮椅。
如厕情况：失禁、尿频、腹泻或需要他人帮助如厕。
跌倒、坠床史：前一年有跌倒、坠床史或入住期间有跌倒、坠床史。
药物诱发：镇静、止痛、安眠、利尿、降血压、降血糖等药物易于诱发跌倒。

2. 压力性损伤

引起压力性损伤的高危因素：

(1) 机体因素。

皮肤松弛、皮下脂肪薄：骨骼突出部位对压力的缓冲能力差。

敏感度下降：对压力的感受、躲避能力差。

营养供给缺乏：皮肤对压力的抵御能力下降。

保护、防御功能差：尿、便失禁造成局部皮肤潮湿、角质层变软。

(2) 压力因素。

垂直压力，造成皮肤缺血性损害；摩擦力，损伤表皮；剪切力，损伤深层皮肤。

自行改变受压状态能力下降：老年人身体机能退化，活动无耐力、自理能力差，如轮椅辅助行动者、长期卧床者、偏瘫者。

医疗操作及器具：吸氧导管、气管插管及其固定支架、血氧饱和度等与皮肤接触；鼻饲时抬高床头，导致骶尾部皮肤承受的剪切力增加。

(3) 高危患者。

神经系统疾病患者：自主活动受限，长期卧床，身体局部组织长时间受压。

老年人：≥70岁。

肥胖者：加大了承重部位的压力。

此外，身体衰弱、营养不佳，水肿、疼痛、石膏固定、大小便失禁、发热、使用镇静剂、处于强迫体位严格限制翻身等均为发生压力性损伤的高危因素。

(二) 应急处置

1. 跌倒的应急处置

老人发生跌倒或坠床，护士立即报告当班医生，共同处理。

医生：查体，判断意识，有无出血、骨折等，认定伤情，决定可否移动患者。

护士：安慰患者及家属，协助处理伤口、钝化矛盾。

医护人员协助患者移至病床，加强防护措施。

根据情况，决定是否行相关检查或会诊。

严密观察病情，按需治疗，沟通注意事项并列入交班记录。

护士填写"跌倒事件报告单"，上报护理部。

2. 压力性损伤的应急处置

(1) 针对可疑的深部组织损伤的处理。

谨慎处理，不能被表象所迷惑。

取得患者及家属的同意。

严禁粗暴和快速的清创。

早期可用水胶体敷料，使表皮软化。

Ⅰ期——透明贴、水胶体或泡沫敷料保护创面。

换药间隔：7~10天或将敷料自然脱落。

Ⅱ期——创面渗液少：用水胶敷料，如透明贴、溃疡贴、安普贴、薄形多爱肤等保护；创面渗液多：藻酸盐－水胶体敷料、泡沫敷料外敷。

换药间隔：3～5 天换药一次。

（2）水疱的处理。

小水疱：注意保护，可用水胶体敷料。

大水疱：无菌注射器抽出疱内液体，早期保留疱皮，用透明贴或溃疡贴等水胶体敷料外敷。

窦道（潜行）：①渗出液多者用藻酸盐填充条＋高吸收性敷料或纱布外敷；②渗出液少者用水胶体糊剂＋吸收性敷料或纱布外敷。

（3）不可分期损伤的处理。

清创是基本的处理原则，足跟部稳定的干痂应予以保留。

（4）局部处理注意事项。

严格遵守无菌操作原则。

可用生理盐水涡流式冲洗创面（不主张创面过多使用消毒液）及创口边缘至周围 5cm 区域，干燥后用敷料封闭伤口。

如怀疑伤口有感染，不能用密闭性湿性愈合敷料。

（三）预防措施

1. 强化管理

成立安全管理委员会和科室安全管理小组，明确相关职责，定期召开例会，通报安全隐患，做到常态管控。

建立科室安全巡查制度，落实高风险老人的各环节监管。

定期开展综合评估，调整老人干预方案，完善交接班制度和内容，做到防患于未然。

制订科内应急处理预案，开展全员培训，定期开展考核。

2. 专业预防

（1）跌倒的预防。

保持地面清洁干燥，房间及走廊光线充足，床旁、走廊无障碍物，老人常用的物品放置在便于拿取的地方。

指导老人使用呼叫器，教会老人主动寻求帮助。

高风险老人床头及腕带悬挂警示标识，起到警示作用，告知老人及护工跌倒的危险性，加强健康宣教。

注意轮椅及便器的固定，使用床档保护，必要时采取保护性约束。

指导老人穿合适的裤子和鞋子，以防着装不适造成跌倒，指导老人学会床上使用尿壶及便器。

积极治疗相关疾病，如帕金森病、认知障碍等。

（2）压力性损伤的预防。

体位变换：每两小时变换一次体位，防止皮肤长期受压，保持床单元的清洁干燥、及时更换清洗，保持皮肤清洁干燥，及时更换汗湿的内衣。

减少对骨骼突出部位的压迫：用软枕、翻身垫、海绵等物品架空骨骼突出部位。

避免外伤，特别注意清除床面、座椅上的异物，还应及时修剪指（趾）甲和清洗甲缝，以免划伤引起皮肤感染。

加强营养：要注意给予高蛋白、高能量、高维生素饮食，防止患者出现贫血和低蛋白血症。

鼓励患者活动：鼓励患者在不影响疾病治疗的情况下，积极活动，防止因长期卧床而导致的各种并发症。让患者参与自己力所能及的日常活动，采用动静结合的休息方式。

皮肤管理：保持清洁，每日擦洗，水温以40℃为宜，使用温和的润肤剂。排泄物污染皮肤时，先用温水清洗后再用毛巾吸干，再涂润肤剂。医疗器具皮肤固定采取无张力固定方式。

（四）居家护理安全

1. 跌倒的居家护理

穿合身的衣服，合适的鞋。家具摆放合理，常用物品方便可取，室内光线适宜。改变姿势要缓慢，遵守起床"三部曲"，即平躺30秒、坐起30秒、站立30秒后再行走，避免突然改变体位，尤其是夜间。避免睡前饮水过多。

床最好有床档，睡觉时应拉起双侧床档。尽量少用睡眠镇静药，使用利尿剂的卧床老人应床旁放置尿壶。

生活用品放于易拿取处。

必要时使用保护性用具，使用的保护用具松紧度适宜，老人肢体处于功能位，体位舒适。保护期间定时放松，家属及时观察、了解老人的肢体血运状况。

家属掌握发生跌倒、坠床后的自救、他救方法。

2. 压力性损伤的居家护理

定时翻身，使用辅助器具如翻身垫、气垫床等。

保持老人床单元的平整、清洁，给老人翻身时动作轻柔，禁止拖、拉、拽。

加强老人的营养，多食用含蛋白质丰富的食物。

老人皮肤一旦发生破溃，轻微的破皮可使用莫匹罗星（百多邦）、生长因子等药物进行处置，严重者立即就医。

五、医院感染安全管理

根据《医院感染管理办法》《医务人员手卫生规范》（WS/T 313－2019）等法律法规，结合老年人抵抗力下降，常因污染的空气、水、食物、餐具、物品或相互接触、不当的护理而发生呼吸系统、消化系统、泌尿系统、血液系统、皮肤及软组织感染性疾病的特点，对常见院感安全问题进行分析，以加强医院感染的预防与控制工作。

（一）常见院感安全问题

1. 呼吸系统感染

老年人易感染部位为下呼吸道，主要疾病包括肺炎、气管炎、支气管炎等。老年人因长期卧床，呼吸道清除异物能力明显降低；疾病引起的吞咽困难易导致呛咳、误吸；工作人员手卫生执行不到位，易引起交叉感染；房间空气、物体表面未按照要求进行通风和消毒等，易造成多种呼吸系统感染性疾病。

2. 泌尿系统感染

泌尿系统感染通过影像学、手术、组织病理或其他方法可分为肾、肾周围组织、输尿管、膀胱、尿道感染。老年人因疾病导致长期卧床，缺乏运动，小便失禁或长期留置导尿管未及时进行尿道口护理，留置导尿时护理人员操作不规范等因素，易发生泌尿系统感染。

3. 消化系统感染

消化系统感染主要包括感染性腹泻、胃肠道感染、抗菌药物相关腹泻等疾病。老年人身体虚弱，对生、冷、硬及不卫生的食物抵抗力差；照护人员护理不当；滥用抗生素导致肠道内菌群失调；老人家属外带食物，卫生质量未严格把控等，易造成消化系统感染。

4. 血液系统感染

血液系统感染主要包括血管相关感染、败血症、输血相关感染等疾病，老年人常见血管相关感染。常见原因包括：因疾病需要进行静脉注射，使用的医疗用品未达到灭菌要求；护理人员未严格执行无菌操作，未合理选择穿刺部位。此外，患有糖尿病的老人等，尤其易发生血管相关性感染。

5. 皮肤及软组织感染

皮肤及软组织感染主要包括皮肤感染、软组织感染、烧伤感染等。老年人比较常见的皮肤及软组织感染是压疮感染，与其因疾病长期卧床、翻身困难，导致皮肤长期受压有关。护理不当，压疮创面未及时处理；压疮换药时，未严格执行无菌操作等，均易造成压疮感染。

（二）医院感染应急处置

1. 院内感染病例应急处置

（1）住院患者发生医院感染后，应由主管医生填写《医院感染病例报告卡》上报。

（2）院感管理科室收到报告卡后到病区调查、核对、登记，并定期进行统计、分析。

（3）疑似医院感染患者应及时采集标本送检。

（4）针对感染患者进行原因分析，查找感染源。

（5）如出现医院感染流行趋势，科室需立即通知院感管理科室及时查找原因并采取控制措施，防止暴发流行。

2. 院内感染、传染病暴发应急处置

（1）当院内感染、传染病暴发时，应根据具体情况，按照报告时限及时报告上级卫生主管部门。

（2）院内感染管理的专、兼职人员应深入感染发生部门及时开展调查与感染控制工作。

（3）做好个人防护，开展感染老人救治工作，病情严重者，及时送至上级医院救治。

（4）及时分析流行或暴发的原因、传播途径，采取相应的消毒、隔离控制措施，停止收容新入院老人，防止感染蔓延。

（5）确诊或疑似传染病患者按规定及时转诊至传染病医院。

（6）做好医疗废物规范化处理。

3. 职业暴露应急处置

（1）发生职业暴露后应立即进行紧急处理后及时上报。

（2）抽取暴露者及暴露源血液标本进行相应项目检测。

（3）检验结果留底存档，以备跟踪评估。

（4）如暴露源为 HIV 患者，暴露者需在疾控中心的指导下进行相应的检测及预防性服药。

（5）做好暴露者的跟踪随访，及时安排定期复查。

（6）组织人员及时查找原因，总结经验，制订防护措施。

（7）检验科保存样本和资料。

（三）预防措施

1. 专业预防

（1）呼吸系统感染。

提高对呼吸系统感染的认识，熟练掌握防治环节及技术。加强感染防治知识的宣传育和指导。

加强居室管理，保持室内洁净和空气新鲜，应用无污染的水进行湿式清扫。

对呼吸系统疾病易感老人加强控制。

积极治疗和护理原发病，加强老人的营养，提高机体免疫力。

保持口腔清洁，预防并发症等，促进呼吸道分泌物的排出，并鼓励戒烟。

鼻饲、吸痰时应防止误吸和异物进入呼吸道，操作应符合《医疗护理技术操作常规》的规定。

吸痰应戴一次性手套，对气管切开部位进行护理时，应双手戴无菌手套或采用"非接触"技术；吸痰管一用一灭菌。

对患传染性疾病患者的痰及呼吸道分泌物的处理应按《消毒技术规范》执行。

应用密封包装的无菌药物作为呼吸道给药。用于雾化器和湿润器（瓶）的大包装无菌液体，打开后 24 小时内使用，24 小时后剩余液体应弃掉。

连续使用的氧气湿化瓶中的液体应每日更换（有条件的应用无菌水），用毕消毒，干燥保存。

（2）泌尿系统感染。

导尿系统应保证密闭、引流通畅，无逆流。如出现导尿管梗阻、污染、破裂、沉淀物堆积，应尽早拔除导尿管。

严格执行无菌技术操作，尤其应注意洗手、手消毒及无菌器具的使用。应用无菌方式采集尿标本，在导尿管与引流接头之上端周围用 2％碘酊、75％乙醇消毒，以无菌空针及针头抽取尿液。

维持会阴部、尿道口的清洁和干燥，做好会阴部的护理。耻骨上膀胱造瘘的老人应注意保持伤口清洁，男性病患的老人阴茎应每日清洗一次。

做好尿管、尿袋的护理和管理。操作应符合《医疗护理操作技术常规》的规定。

对留置导尿管的老人应注意医疗保护。

（3）消化道系统感染。

加强医养结合机构饮食卫生管理，对入住的老人及家属进行手卫生等卫生宣传教育，预防肠道传染病。

对患有胃肠道感染性疾病的老人要做到早发现、早隔离、早治疗，切断传播途径。

加强老人食堂的管理。做好卫生管理，明确划分清洁区、污染区。做好餐具、药杯的清洁与消毒；做好抹布、拖把、便器、厕所及环境的消毒。

要详细了解和分析流行疾病的分布特点，进行微生物采样和检测（服务人员、环境、食物、饮水、老年人分泌物、排泄物等），尽早查清感染源。

针对疾病流行情况，进行分组隔离。确诊的老人送专科医院进行隔离治疗。

严格执行消毒隔离制度。加强洗手，做好环境及物品的随时消毒和终末消毒。接触感染源时使用的物品应为一次性用品，防止病原微生物的扩散。

应按指征应用抗菌药物，选用适当的品种，根据病情、病原菌种类及抗菌药物特点制订抗菌治疗方案。

（4）血管内导管相关性感染。

严格掌握血管内治疗的指征。

应使用灭菌合格的医疗用品，严格执行无菌技术操作。

严格选择穿刺部位，尤其对患有糖尿病的老人，宜选择上肢动、静脉，必要时选择锁骨下静脉和颈静脉，避免选择下肢进行穿刺。穿刺部位应远离创面。

（5）皮肤感染。

保持皮肤的清洁与卫生，避免皮肤干燥和阳光暴晒。洗澡时不使用碱性肥皂，水温在 40℃～45℃，不宜过于频繁，时间不宜过长。洗浴后，应在面部、背部、手背等容易暴露的部位涂爽身粉、润肤液。

加强营养，注意合理膳食，适量饮水。

保持老人卧具（被子、床单）的平整、干燥、舒适，老人内衣应勤洗勤换，选用棉织品。

长期卧床的老人应每 2 小时翻身一次。

2. 加强重点环节的管理

(1) 院内感染、传染病暴发的报告与控制。

院内感染、传染病暴发时，应因根据具体情况，按照报告时限及时报告上级主管部门。

院内感染管理的专、兼职人员应深入发生部门及时开展调查与感染控制工作。

及时分析流行或暴发的原因、传播途径，采取相应的消毒、隔离控制措施，停止收容新入院老人，防止感染蔓延。

(2) 居室与护理单位的院内感染管理。

应遵守院内感染管理的各项规章制度。

应创造良好的居室环境，室内每天 2 次通风换气。

床铺应湿式清扫，一床一套（巾）；床头柜一柜一抹布用后需及时消毒。老人出院、转出或死亡后，床单位应消毒处理。

衣服、床单、被套每周更换，枕芯、棉褥、床垫应每年拆洗一次并在日光下曝晒，遇有污染须及时更换。

地面应湿式清扫，保持清洁；当有血迹、粪便、体液等污物时，应先用消毒剂处理后再清洁。治疗准备室、配餐室、居室、厕所等分别设置专用拖洗工具，标记明确；拖洗工具分开清洗、消毒后悬挂晾干备用。

垃圾置塑料袋内，封闭运送；医用垃圾与生活垃圾应分开；感染性垃圾置黄色塑料袋内，须进行无害化处理。

便器应固定使用，保持清洁，每周消毒。

(3) 餐饮工作人员的院内感染管理。

应按《中华人民共和国食品卫生法》的规定，进行食品的采购、储存、运输、加工、制作，严防食物污染。

供应的食品，应做到洁净、无毒、无致病菌、无寄生虫、未腐败变质、无杂质。从原料到成品实行"三不"制度，即采购员不买腐烂变质的食品原料，库房保管员不收腐烂变质的食品原料，炊事人员不用腐烂变质的食品原料加工成品。

成品（食物）存放实行"四隔离"：生与熟隔离，成品与半成品隔离，食品与杂物、药品隔离，食品与天然冰隔离。

保持餐饮部门内、外环境卫生整洁，采取"四定方法"：定人、定物、定时间、定质量。划片分工包干负责。争取做到消灭苍蝇、老鼠、蟑螂和其他害虫滋生条件。

餐具的消毒应符合食（饮）具消毒卫生标准的规定。

餐饮工作人员注意个人卫生，做到"四勤"，勤洗手，勤剪指甲，勤洗澡、理发、勤洗工作服。

餐饮工作人员穿戴好工作服及工作帽后方可进入操作间，不得穿工作服离岗去其他地方。

从业前应体检，患传染病者不得在餐饮部门工作，建立并执行定期检查制度。

(4) 洗衣房的院内感染管理。

布局合理，洁污分开，通风良好。物流由污到洁，顺行通过，不得逆行。

指定地点收集污物，避免在老年人居住区域清点污物，做到专车、专线（人）运输，洁污标识清晰，每日定时清洗消毒。

认真执行衣物清洗的规章制度，分类清洗。被血液、体液污染及患有传染病老人的衣物应封闭运输、单独清洗，清洗后热灭菌。洗涤剂的洗涤时间为1小时。

(5) 废弃物管理。

生活和医疗废弃物应严格分开，严禁混放。生活废弃物使用黑色塑料袋收集。

医疗废弃物除要求回收的物品外，使用黄色塑料袋收集。

不能用塑料袋收集的废弃物应采用合适的容器收集（锐器应使用防水耐刺的容器收集）。

废弃物应分别处理，防止污染扩散。

医疗废物的处理应符合《医疗废物管理条例》和《医疗废物分类目录》的规定。

3. 强化组织管理

(1) 建立健全的感染控制体系。设有感染管理部门和专、兼职院内感染管理人员，科室设有感染控制督导员，建立健全院内感染管理规章制度，并组织实施相关有效措施。

(2) 完善设施设备配置。具体按照医疗机构标准配备相应的设施设备。

(3) 加强院内感染控制知识培训力度。应把院内感染专业知识教育作为医养结合机构教育工作的内容，有组织、有计划地做好各类人员的培训。

六、照护安全

医养结合机构居住对象基本上为失能失智的老人，其长期于机构居住，家属不能陪护，生活护理及基础护理均依靠护理员及护士，因此照护安全成为机构防控的难点，也是社会及家属关注的热点。常见的照护安全问题包括走失、噎食、烫伤等。

(一) 常见照护安全问题的危险因素

1. 走失

走失发生的危险因素：①能活动的阿尔茨海默病患者因为智力和判断力减退而走失。②老年人与家庭成员或护理员发生矛盾，故意赌气离家或离院出走。

2. 噎食

噎食发生的危险因素：①老人神经反射活动衰退，咀嚼功能不良，消化功能降低，唾液分泌减少，引起吞咽障碍而噎食。②进食大块食物，尤其是肉类或汤圆，未嚼碎就吞咽而噎食。③进餐过快引起噎食。

3. 烫伤

烫伤发生的危险因素：①生理因素，老人因神经系统老化、皮肤组织衰老而导致痛温觉减退，对热的感受能力变差而导致其易被烫伤，烫伤以后，易出现皮肤红肿、水疱、破溃等。②热应用因素，老人在使用热水袋、电热毯、电护手宝等物品过程中易造成烫伤。在临床护理中，烤灯的温度、距离设置不当易导致烫伤。

（二）应急处置

1. 走失的应急处置

一旦发现老人出走，当班者立即电话告知门卫关好大门，防范老人走出机构管理范围，同时报告病区护士长或负责医生，并组织人员在院内寻找。若判断老人已离开机构：①立即报告上级部门（护理部、院办），逢节假日报告值班护士长及行政总值班，同时通知老人可能前往处的家属及亲戚朋友，请他们协助留人。②组织工作人员在市内有关车站寻找。③若较长时间没有出走老人的信息，则上报所在地派出所、公安分局（各机构根据自身的预案决定处理流程）。④若有出走老人的信息，则组织人员派车接回。

2. 噎食的应急处置

发现噎食者，就地急救，分秒必争，立即有效清除口咽部食物，疏通呼吸道，同时通知医生。

一般采取"一抠""二置"或海姆拉克急救的方法对噎食的老人进行急救：①一抠，是用中、食指从老人口腔中抠出或用食管钳取出异物。②二置，是将老人俯身，用掌拍其后背，借助震动，使食物松动，向喉部移动而取出。③卧床老人采用卧位海姆拉克法，清理口腔异物后，挤压肚脐上两横指位置，压出食物。

3. 烫伤的应急处置

一旦发生烫伤事件立即用自来水冲洗患处，并通知医生初步检查伤情，测量老人的生命体征，根据医嘱处理伤情。

伤情严重的需转至烧伤科进行专科处理。

护理人员注意保护创面，保持局部清洁干燥，避免二次伤害。

（三）预防措施

1. 强化管理

建立照护安全质量管理委员会，每月定期对安全问题进行检查，将检查结果定期反馈给照护单元，督促其整改。

医院及科室内均应建立安全应急预案，明确各级岗位职责，定期组织修订、培训、考核，确保应急预案切实可行。

落实交接班及巡视制度，能够及时准确地识别安全风险隐患，并及时上报主管部门。

科室及职能部门定期对发生的事件组织分析、讨论，修订制度，避免同类事件再次发生。

2. 加强专业预防

(1) 走失的预防。

①护理员平时多关心老人，多与老人交流谈心。为老人制作一张身份卡，上面写上老人姓名、住址、联系电话，缝在老人的外套上。

②为走失风险较高的失智老人着统一的服装，采取出门条管理制度，将高风险老人照片放在门卫处，发现老人自行到门口时及时通知相关科室，有条件的机构集中实施区域门禁管理。

③交接班时，必须清点老人数，做到班班交接清楚。

④老人进出病房或居室（如洗澡、散步、会客结束）或进行户外活动时，护理员应密切注意老人动向，经常清点老人数。

(2) 噎食的预防。

①体位合适。老人进餐时尽量采取坐位或半卧位，胃部不受压迫，可使食物由食管较快地进入胃内

②食物软烂。老人食物宜少而精，软而烂，

③老人吃饭要细嚼慢咽。肉类、汤圆等食品要分割成小块慢慢进食，进食时每口食物不宜过多。

④给予舒适的进食环境，进食过程中不要与老人讲话，不分散其注意力。

(3) 烫伤的预防。

①使用热水袋时，装水应不多于容器的3/4，要塞好活塞，确保热水袋无漏水及破裂，加上袋套，方可使用。

②需要泡脚的老人，泡脚水维持在40℃~45℃。

③沐浴时要先放冷水，再加热水调节水温，测试水温在40℃~45℃后再行冲洗。

④给老人应用烤灯时注意距离、温度及时间，加强巡视。

(四) 居家照护安全

1. 走失的居家照护安全

平时要鼓励老人多参加集体活动，以分散老人的出走意念。

对有出走意图的老人，要及时掌握、重点观察其动态，及时发现出走先兆，给老人着带有家属联系方式的衣物，或在身上放置身份信息卡，以便走失后找回。

出走意念严重老人不宜到户外活动，家属应加强陪护，防止老人落单，采取措施，谨防老人出走。

2. 噎食的居家照护安全

老人就餐时，家属严密观察并劝导老人细嚼慢咽，酌情协助，防止噎食，或力争对噎食者早发现、早急救。

对暴食和抢食老人，安排单独进餐，劝其放慢进食速度，禁止老人自行吃馒头。

对年老或药物反应严重，吞咽动作迟缓的老人给予软食或流质饮食，必要时予以小口少量喂食，进食时由家属或专人照顾。

3. 烫伤的居家照护安全

精神症状严重者、老年痴呆、不合作者由家属调节好水温，家属协助洗澡，专人看护。

三餐进食前，家属应检查饭菜的温度，确保温度适中，才可让老人进食。

家属为老人准备温开水，茶桶水温适宜，放在老人不易接触到的地方。

吸烟老人应定时定点吸烟，由家属监管。

如发生烫伤，立即冷水冲洗 30 分钟以上或浸泡烫伤处，不要急于脱掉贴身衣服，应迅速冷水冲洗，等冷却后再小心将贴身衣服脱去。保护创面，用干净清洁毛巾覆盖烫伤处后尽快到医院治疗。

第十二章　医养结合机构服务质量管理建议

本章根据《医院管理评价指南（2008年版）》、《中国护理事业发展规划纲要（2011—2015年）》、《四川省医院护理质量管理评价标准（2018版）》《医疗质量管理办法》《医疗质量安全核心制度要点》等相关政策文件精神，结合医养结合机构服务对象、性质和内容的特殊性，针对其日常开展医疗、护理、照护服务中常见的质量问题，提出具有针对性的质量管理建议。

第一节　医疗质量管理建议

按照《医疗质量管理办法》《医疗质量安全核心制度要点》等相关要求，结合医养结合机构在医疗服务过程中的常见医疗质量问题，进行举例分析，以提升机构医疗服务质量。

一、常见医疗质量问题

（一）疾病诊断与合理用药

1. 疾病诊断

在医养结合机构中，存在由于老年人患病种类较多，低年资医生对诊断病名排序主次不分明，疾病诊断依据不充分的情况。例如，只有一次检查指标轻度异常即诊断；有异常检查指标，进行药物治疗但未增加疾病诊断等。

2. 合理用药

未严格按照老年人用药标准使用抗生素；病原学检查送检率偏低，高龄老人用药指征及限制用药把握不严；糖皮质激素使用不规范。

（二）药事质量管理

药师评价临床用药水平偏低。药师虽督导临床用药，但评价和指导水平偏低，部分临床医生不按临床药师的督导要求用药，不能达到促进临床合理用药的监督目标。

(三) 医技科室质量管理

实验室检查报告质量有待提高，部分检查报告临床参考意义不大。
危急值管理登记不规范，有电话联系但未进行相应记录，存在一定安全隐患。

(四) 住院医疗质量管理

（1）住院病历质量有待提高。主诉和现病史记录内容不一致，内容过于简单，缺少重要项目，诊断不完整，诊断疾病使用名称不规范等。

（2）病例讨论制度执行欠规范。讨论内容记录过于简单，起不到总结经验教训、防范医疗风险、保障医疗安全的作用。

（3）医疗与养老服务转化交接制度执行不规范。交接记录内容不规范，存在医疗安全隐患。

(五) 中医医疗质量管理

中医诊断辨证分型与舌脉表现描述不相符。
中医康复患者治疗单签字不规范。

(六) 医养转换服务与健康管理记录

老年人健康档案记录不规范，动态管理记录不及时、不详细。
医疗、养老转换服务工作指征把握不严，记录不连贯，健康信息不能共享。

(七) 多学科联合服务工作质量管理

医养服务过程中，对老年人有多种疾病共患的问题，各学科诊疗工作中联系不紧密，工作记录不连贯，管理不规范，存在医疗安全隐患。

(八) 临床路径运用

虽建立老年疾病单病种临床路径，但临床运用不规范。

(九) 人文关怀服务

医养服务过程中，着重满足医疗与养老的基本需求服务，对老人的关怀服务不够。

二、质量管理要点

(一) 加强科室医疗质量管理

1. 合理诊断与用药

遵循临床诊疗指南、临床技术操作规范、行业标准和临床路径等相关要求，使用经批准的药品、医疗器械、耗材开展诊疗工作，严格遵守医疗质量安全核心制度，做到合理检查、合理用药、合理治疗。

2. 严格管理药事质量

发挥临床药师在处方审核、处方点评等合理用药管理方面的作用。临床诊断、预防和治疗疾病用药遵循安全、有效、经济的合理用药原则；加大临床药师执业能力培训与临床按要求合理用药的奖惩力度。

3. 加强医技科室质量管理

建立覆盖检查、检验全过程的质量管理制度，加强科室内质量控制和人员技能培训，配合做好科室间质量评价工作，完善工作记录。

4. 加强住院医疗质量管理

加强住院医师能力培养，提升病历书写质量与临床诊疗水平；严格执行医疗核心制度与病历质量管理制度，加大考核奖惩力度。

5. 加强中医医疗质量管理

按照国家关于中医诊疗、技术、药事等相关质量标准规定，规范中医医疗服务与文书质量。

（二）加强重点环节质量管理

1. 强化老年慢性疾病临床路径管理

针对常见的老年慢性疾病如高血压、糖尿病及其并发症、脑血管意外、阿尔茨海默病等，按临床路径进行诊疗，落实单病种医疗质量考核与管理。

2. 建立多学科联合工作机制

针对老年人身体机能下降、多种疾病并存的特点，在日常健康管理中，建立多病共管、多药共用、康复参与、营养干预的多学科联合管理模式，落实多学科动态连续管理机制。

3. 加强健康巡查

针对老年人抵抗力差、病情变化快的特点，严格执行日常健康巡查、交接班与报告制度。

4. 建立医养服务转换监督机制

在机构养老的老人入院治疗或从住院病区出院转回养老机构，均应严格把握入、出院指征，由医务科、医保办等职能科室进行定期联合督查。

5. 加大人文关怀服务

医养结合服务过程中，定期开展老年文化服务活动，加大对老年人的人文关怀，可增强老人战胜疾病的信心，改善其生活质量。

（三）强化组织管理

1. 加强质量监管

建立院、科、员三级管理体系，重点监管医疗文书、临床诊疗、环节监督、流程管理的情况，保证制度的有效落实。

认真履行质量管理委员会职责，落实院、科两级管理责任，完成定期考核。

定期进行质量督导检查，质量监测、预警、分析、考核、评估及信息反馈工作，对各科室医疗质量关键指标的完成情况予以公示，促进医疗质量持续改进工作，并兑现考核。

对高危因素建立台账，适时监控，促进工作良性运转。

2. 定期培训和考核

对医疗卫生管理相关法律法规、医疗质量管理与控制方法、医养结合服务流程制度等相关内容，对医务人员进行培训与考核；将考核结果运用于评先评优、聘任与职称晋升，纳入绩效考核。

第二节　护理质量管理建议

医养结合机构服务对象大多为失能、半失能老人，常存在意识障碍及认知功能障碍，且长期在机构居住。为保障老人安全，提升老人生活质量，护理质量管理尤为重要，本节对医养结合机构常见的护理质量问题及管理方法和效果评价进行阐述。

一、查对质量管理

（一）管理方法

在诊疗活动中，严格执行"查对制度"，至少同时使用姓名、年龄等项目核对患者身份，确保对正确的患者实施正确的操作。针对意识障碍或认知功能障碍的患者建立专门的查对制度。

建立采集标本、给药、输血或血制品、发放特殊饮食、诊疗活动时患者身份确认的制度、方法和核对程序。核对时应让患者或其近亲属陈述患者姓名。

（二）效果评价

至少同时使用两种患者身份识别方式，如姓名、年龄、出生年月、病历号、床号等（禁止仅以房间或床号作为识别的唯一依据）。

相关人员熟悉上述制度和流程并履行相应职责。

二、跌倒、坠床风险质量管理

（一）管理方法

对患者进行风险评估，主动向患者告知跌倒、坠床风险及防范措施并记录，采取有效措施防止意外事件的发生。

有防范患者跌倒、坠床的相关制度，并体现多部门协作。

根据病情、用药变化对住院患者跌倒、坠床风险进行再评估，并在病历中记录。

医院环境设有防止跌倒的安全措施，如走廊扶手、卫生间扶手及防滑地面。

对特殊患者，如行动不便者和残疾患者等，重点告知跌倒、坠床危险，采取适当措施防止跌倒、坠床等意外，如警示标识、语言提醒、搀扶或请人帮助、床档等。

完成坠床、跌倒的质量监控指标数据收集和分析。

（二）效果评价

相关人员知晓患者发生坠床或跌倒的处置及报告程序。

职能部门抽查病例，要求评估完成率为100%。

抽查护理人员评估过程，观察再评估过程是否符合要求。

抽查发生跌倒、坠床后相关人员是否组织讨论分析。

三、压力性损伤质量管理

（一）管理方法

有压力性损伤风险评估与报告制度、工作流程，有压力性损伤诊疗及护理规范，落实预防压力性损伤的护理措施及规范。

（二）效果评价

护士掌握操作规范。

高危患者入院时压力性损伤的风险评估率≥90%。

发生压力性损伤不良事件后上报记录及登记及时、完善。

四、医疗安全（不良）事件质量管理

（一）管理方法

有主动报告医疗安全（不良）事件的制度与工作流程。

有指定部门统一收集、核查医疗安全（不良）事件。

有指定部门向相关机构上报医疗安全（不良）事件。

对医疗安全（不良）事件有分析，采取防范措施。

工作制度与规范中有对护理人员定期进行安全警示教育的规定及执行文件。

（二）效果评价

全院员工对医疗安全（不良）事件报告制度的知晓率达100%。

医疗安全（不良）事件上报及时，登记完善。

定期对护理人员进行安全警示教育。

五、护理常规、操作规程、岗位职责质量管理

（一）管理方法

落实护理常规、操作规范并及时修订，有相应的监督与协调机制。

对护理质量安全核心制度（分级护理、查对、值班和交接班、急危重患者抢救制度等）和岗位职责有培训、考核。

有适合医院实际情况的护理人员管理规定、岗位职责和工作标准。

（二）效果评价

有护理人员管理规定、护理岗位职责、工作标准、履职要求，以及考评、监督规定。相关护理人员掌握上述内容并执行。

相关人员知晓本部门、本岗位的人员资质与履职要求。

职能（护理部、人事部门等）部门对《护士条例》执行及制度落实情况进行定期监督检查。

六、常用仪器设备质量管理

（一）管理方法

护理工作制度与规范中有保障常用仪器、设备和抢救物品使用的规定（包括仪器、设备规范操作、日常保养与故障报告，药物管理、使用流程与规范）及执行文件。

（二）效果评价

护理人员知晓使用制度与操作规程的主要内容。

各项使用保养登记完善。

第三节 照护质量管理建议

医养结合机构服务对象以失能、失智老年人居多，在生活照护上有其特殊性。因此，根据失能等级评估后开展照护服务的内容及服务质量的好坏，直接关系到老人的生存质量。本节就照护质量管理中应注意的事项进行阐述。

一、房间管理

（一）管理方法

(1) 标识清晰、规范、醒目、易懂。
(2) 走廊、卫生间地面防滑并配有应急呼叫装置及防滑扶手。
(3) 有禁止吸烟的醒目标识。
(4) 消防通道畅通。
(5) 病房整洁、安静，床单元面积符合相关标准。
(6) 房间设施、设备性能良好。
(7) 卫生间清洁、无异味。
(8) 定期清洗隔帘及窗帘。

（二）效果评价

(1) 现场查看环境达标。
(2) 老年人满意目前房间情况。

二、个人卫生

（一）管理方法

(1) 每天帮助老年人做好晨、晚间护理，包含整理床单元、洗脸、洗脚、梳头、护理口腔、擦身体、清洁会阴，每日2次。
(2) 每周为老年人洗头、洗澡、更换衣物不少于2次，为老年人洗涤衣物。
(3) 每月为老年人理发至少1次，剃须、修剪指甲每周1次。
(4) 为老年人清洗水杯、餐具、毛巾、脸盆。

（二）效果评价

(1) 检查老年人个人情况是否达标。
(2) 检查各项操作记录是否完善。

（3）老年人满意度情况。

三、饮食护理质量管理

（一）管理方法

（1）根据老年人情况，为其制订合适的饮食。
（2）每天早、中、晚准点为老年人配送餐饮。
（3）为老年人做好餐前准备，如有鼻饲，应提前进行食物搅碎等特殊处理。
（4）帮助老年人进食及喝水，餐后及时为老年人清洁整理。
（5）餐具每日消毒，饭前洗手、饭后漱口。

（二）效果评价

（1）检查记录是否完善。
（2）询问老年人情况。
（3）现场查看。

四、排泄物管理

（一）管理方法

观察老年人大、小便情况并记录，如有异常及时报告医生。
协助卧床老人大、小便，并行便后护理。对大、小便失禁的老人做到勤查看、勤换洗、勤翻身，及时更换衣被。
及时清洗痰盂、便盆、助便椅等排便工具，每日消毒。

（二）效果评价

检查老年人房间及身体是否有异味。
便器是否及时倾倒。
消毒记录是否完善。

五、睡眠管理

（一）管理方法

（1）为老年人提供安静、舒适的睡眠环境。
（2）帮助老年人就寝，将老年人所需物品放置于随手可拿到的合适位置。
（3）了解老年人睡眠状况，对入睡困难的老年人进行安慰、鼓励，观察并记录老年人的失眠状况，处理意外情况。

（4）对易发生坠床意外者提供床栏、座椅加绳托等安全防护用具，避免发生意外事故。

（二）效果评价

（1）现场查看。
（2）询问老年人睡眠情况。
（3）查看安全防护措施是否到位。

六、心理、康复管理

（一）管理方法

（1）护理人员掌握老人心理状况，对出现的心理和情绪问题，提供相应服务，必要时请专业人员协助。
（2）有危机预警报告制度，对老人可能出现的情绪危机或心理危机及时发现、及时预警、及时干预。
（3）为临终老人提供关怀服务。
（4）为老人提供移动卧位、转移、下床、搬运、坐轮椅等服务，帮助其使用各种辅助器。
（5）定时翻身，密切留意老人皮肤受压的情况，预防压力性损伤等并发症的发生。
（6）根据老人病情及需求制订健康教育计划。

（二）效果评价

（1）查看制度是否完善。
（2）查看翻身、心理干预、康复活动记录。
（3）询问老人满意度。

七、其他服务

（一）管理方法

（1）护理人员24小时值班，做到每2小时巡查一次，必要时安排专人护理老人，及时了解老人需求，提供所需服务。
（2）严密观察特殊老人病情变化，24小时提供护理服务，并做好记录和交接班。
（3）根据服务协议，满足老人及其家属提出的个性化护理需求。
（4）照护人员定期参加培训，无虐老、欺老事件发生。

（二）效果评价

(1) 查看值班交接班记录。

(2) 有无投诉纠纷发生。

(3) 满意度调查。

(4) 培训记录是否完善、真实。

第十三章　常态化疫情防控建议

传染病是可以在短时间内使许多人发病的一类疾病，一旦控制不及时，传染病就会在人群中发生流行，造成群体性发病，因此其防控工作尤其重要。对此，本章依据《中华人民共和国传染病防治法》和新型冠状病毒肺炎防控相关文件，结合医养结合机构实际情况，拟定以下防控措施。

第一节　疫情期间机构常态化防控

在新型冠状病毒肺炎疫情发生后，各行各业对传染病防护、消毒隔离、健康管理等方面越加重视，医疗机构在这次疫情中做出了重大的贡献，但也面临着巨大的压力与风险。医养结合机构的服务对象大多是患有基础疾病的老年人群，而他们又是新冠病毒侵袭的重点人群。疫情前机构内防控设施、设备不够规范，人员配备不够完善，给机构带来了前所未有的防控压力。我们要建立健全机构内防控机制，规范及完善防控弱点、难点。本章根据《国家卫健委办公厅关于进一步做好常态防控形势下发热门诊等医疗工作的通知》《关于进一步做好新冠肺炎疫情常态化防控工作的通知》等文件，结合各机构实际情况，开展以下机构内常态化防控工作介绍，本防控措施同样适用于其他传染病流行期的防控。

一、机构设置

二级以上综合医疗机构应设置独立的预检分诊及发热门诊，预检分诊及发热门诊对位置、分区设置、设备配备、人员配置有特殊的要求，应参照《医疗机构发热门（急）诊设置指导原则》《预检分诊和发热门诊新冠肺炎疫情防控工作指引》等上级文件精神进行具体设置。

二、重点科室管理

（一）预检分诊管理

(1) 严格做好个人防护。

(2) 所有来院人员必测体温，必询问流行病史并登记。

(3) 来院人员均须进行手消毒，来院物品均进行表面消毒。

(4) 严格落实工作流程，遵守工作纪律，执行24小时值班制度。

(5) 在进入医院的内部通道设分诊点，所有就诊患者及陪护需佩戴口罩，查验健康码。

(6) 指导发热患者前往发热门诊就诊，并做好登记。

(7) 做好疫情防控政策宣传及指引工作。

（二）发热门诊管理

(1) 发热门诊医务人员必须做好个人防护，严格执行国家最新标准和发热门诊工作流程。

(2) 严格执行交接班制度，对特殊情况应交代清楚。

(3) 医务人员和患者出入线路应严格区分开，单向通行。

(4) 疫情期间，发热门诊患者可先就诊后缴费。

(5) 进入留观区域的医务人员按要求做好个人二级防护。

(6) 发热门诊内通风良好，有醒目标识，有独立卫生间，双通道和三区设置合理，配备专用设备、设施，最大程度保证检查和治疗在发热门诊内完成。

(7) 对新冠肺炎疑似或确诊患者，医务人员应当按照《医疗机构内新型冠状病毒感染预防与控制技术指南》做好登记、报告和隔离，及时转入定点医院进一步诊断或治疗，不得擅自允许患者自行转院或离院。

(8) 产生的医疗废物严格按《医疗废物管理条例》处置。

(9) 患者转出后，按《医疗机构消毒技术规范》要求，对患者所接触的环境进行终末消毒。

（三）普通门诊管理

(1) 按要求做好个人防护。

(2) 做好入院患者第二次体温监测和分诊。

(3) 严禁擅自脱岗、离岗。

(4) 对每天入院的工作人员做好个人信息登记和通道管理。

(5) 非急诊患者需按照医院要求进行网上预约挂号。

(6) 现场就诊挂号或急诊挂号患者，必须通过医院预检分诊后挂号就诊。

(7) 有序排队，间隔1米。

（四）检验科管理

检验科工作人员在检测或采集疑似或确诊新型冠状病毒感染患者的血液、体液等标本时，实行个人二级防护。

检测工作结束后，及时按程序脱卸防护用品，做好个人卫生。

采用专用标本箱运送标本，使用前后严格执行消毒措施，转运前用1000mg/L含氯消毒剂表面消毒，转运后用 1000mg/L 含氯消毒剂浸泡标本箱消毒 30~60 分钟后清洁干燥备用。

做好实验室环境的清洁消毒工作。

对废弃的血液、体液标本，按要求进行高温消毒处理后，用双层黄色垃圾袋盛装统一回收。产生的医疗废物严格按《医疗废物管理条例》处置。

（五）放射科管理

（1）放射科工作人员在为疑似或确诊患者或其他呼吸道传染病患者拍片或 CT 检查时，实行二级防护。
（2）在检查前，指导患者带好外科口罩。
（3）检查工作结束后，及时按程序脱卸防护用品，做好个人卫生。
（4）对摄片室环境进行终末消毒处理后，再为普通患者做检查。

（六）普通病区（房）管理

（1）各病区（房）需准备充足的消毒药品和防护用品。
（2）在病区（房）若发现疑似新型冠状病毒感染者，按规定程序及时上报；在未转诊患者前，将疑似感染者单独安置在病区内缓冲病房和过渡病房（数量之和不少于该病区病房数的 10%），单人单间收治。
（3）缓冲病房和过渡病房医护人员相对固定，治疗检查操作等尽量集中时段进行。
（4）严格执行陪护制度，原则上不设探视，如患者有特殊需要必须探视时，严格按照陪护、探视要求执行。
（5）患者转出后，按《医疗机构消毒技术规范》要求，对患者所接触的环境进行终末消毒。
（6）产生的医疗废物严格按《医疗废物管理条例》处置。

三、工作路线流向

医务人员严格分清"三区""二线"。三区，即清洁区、潜在污染区、污染区；二线，即清洁路线、污染路线，并落实各项消毒隔离措施。
（1）医务人员需按照《医院隔离技术规范》要求，正确使用防护用品。
（2）医用防护口罩可以持续应用 6~8 小时，遇污染或受潮，应及时更换。
（3）戴有眼镜的工作人员在离开隔离区前，应对佩戴的眼镜进行消毒。
（4）医务人员接触多个同类传染病患者时，隔离衣可连续应用。
（5）隔离衣被患者血液、体液、污物污染时，应及时更换。
（6）戴医用防护口罩应进行面部密合性实验。

四、老人入托管理

（一）接收方式

1. 经咨询接收

老人或患者家属到院咨询，应详细询问其流行病史，签订疫情防控承诺书，详细登记相关信息资料后，方可进入养老机构过渡病房，明确核酸检测结果阴性、符合养老机构收托条件后再转至养老机构普通房间。

2. 经本机构住院转收

社区来机构经门诊收入住院的老人，核酸检测结果阴性，经检诊、签订疫情防控承诺书，并详细登记相关信息资料后，符合机构收托条件，可以转入养老机构托老。

3. 经上级医院转院接收

老人在本市三级医院住院治疗、病情稳定，核酸检测结果阴性，符合转至下级机构康复治疗条件的，经检诊、签订疫情防控承诺书，并详细登记相关信息资料后，符合养老机构收托条件，才转至养老机构。

（二）防控措施

1. 房间安排

设置隔离观察区（缓冲房间和过渡房间），新入托老人房间固定，单人单间，通风条件良好。

2. 工作人员相对固定

照护人员、医护人员与其他区域工作人员原则上不交叉，确实需要到其他区域工作时应更换防护衣帽与口罩。

3. 按疫情防控工作要求做好医学观察

老人入院单间收治，落实好防护措施、房间消毒、环境卫生管理等工作。

4. 按流程进行接收

相关科室应按规定流程与要求进行老人的收治，不得降低标准和要求接收。

五、异常情况处置

对出现发热和（或）呼吸道症状的住院患者/入托老人，要及时排查，并积极做好病区隔离准备。

对出现发热和（或）呼吸道症状的职工，要及时采取隔离措施，并做好排查工作。不得带病坚持工作，不得超负荷工作。

对有发热和（或）呼吸道症状的探视人员，不得进入病区，并按照发热患者进行规范处置。

第二节 疫情期间人员管控

在疫情期间，严格管控机构的人员是有效降低机构内传播风险的有效措施，医养结合机构的服务对象不只是机构内老人，在为社区居家养老老人提供上门服务过程中，防控措施的薄弱易造成疫情的蔓延。现根据国家卫健委组织制定的《医疗机构内新型冠状病毒感染预防与控制技术指南》《新型冠状病毒肺炎防控方案》等文件，本节制定出符合医养结合机构疫情期间人员具体管控的措施。

一、工作人员管理

医务人员在接诊、救治和护理新型冠状病毒感染疑似病例或确诊病例时，应做好个人防护。

医务人员可根据实际需要接种季节性流感疫苗。

机构内工作人员每日进行体温检测和流感样症状排查。

医务人员出现发热或流感样症状时，要及时报告院感染科并接受排查，被诊断为新型冠状病毒感染疑似病例或确诊病例的医务人员，应立即接受隔离治疗。

医务人员工作时，应避免过度劳累，并对健康情况进行监测。

二、病区管理

各病区设门禁系统，并派专人值守，严格管控人员进出，凡进入病区人员（含医护人员、行政人员、保安、保洁、护工等）均要正确戴口罩，凭工作牌、腕带等进入病区。

所有就诊患者及陪护需戴口罩，查验健康码，测量体温、手消毒，并做好登记，发放一份《疫情期间病区管理告知书》。

严格执行健康监测。指定专人管理病区所有人员健康状况，测量体温和进行流行病学调查等，并做好登记。发热患者或可疑新冠肺炎患者立即报医务科、护理部、院感科。

病区内不串门、不聚集、不扎堆，落实手卫生。

病区内患者、陪护、医务人员必须戴口罩。

患者外出病房检查，患者及陪护必须戴口罩。

谢绝无关人员探视，提倡电话、微信或视频探视患者。

确保每病区设置足够数量的过渡与缓冲病房，新入院或入托老人中若有可疑新冠病毒感染者实行就地单间隔离观察治疗。

各病区要坚决落实"逢人必查、凡进必查"，任何人、任何时间进入科室必须做到查验健康码、测体温、戴口罩和手消毒。

三、住院患者管理

对新入院患者、发热患者、不能排除新冠肺炎的门诊患者均应进行核酸检测，应检尽检、应检即检，凡检必留。

（一）新入院、发热患者管理

新入院患者如无核酸检测阴性报告，需转入缓冲病房进行单间诊疗。待核酸检测为阴性后，再转入普通病房；如为住院期间出现发热或呼吸道疾病的患者，需马上转入过渡病房进行隔离，再次进行检查，医生根据检查结果排除后，转入普通病房。

（二）托老住院患者管理

住院部对科内的住院患者进行分类管理，非呼吸道疾病患者与呼吸道疾病患者尽量分开安排。

对新收患者进行评估，有呼吸道症状的患者需安排至缓冲病房单间隔离，并对该患者进行相应的辅助检查，医生根据患者检查和病情评估排除后，转入普通病房。

四、陪护、探视人员管理

疫情防控期间为了尽可能减少各种感染风险，病情较轻、自理能力尚可的住院患者，原则上不允许家属探视与陪护，有特殊情况医务人员会及时与家属联系。

如患者病情较重需要陪护，经护士评估后，每位患者仅限1人陪护。陪护人员需固定并24小时在院，需身体健康，在健康码、流行病学调查及体温测量均无异常，新冠病毒核酸检测阴性的前提下，凭身份证登记办理陪护证后进行陪护。陪护人员应自觉规范佩戴口罩，自觉接受流行病学调查、体温监测及科室相关管理。

探视人员应严格遵守医院管理要求，在健康码、流行病学调查及体温测量均无异常、新冠病毒核酸检测阴性的前提下，凭身份证登记办理探视证后进出医院和病区。探视人员原则上不得进入非探视患者病房。

病区应对陪护人员早、中、晚各进行一次体温检测和健康状况询问，并如实记录体温和健康状况，如有发热应及时引导至发热门诊就诊。

陪护（探视）人员要加强自我观察，在院期间请注意手卫生，做好个人防护。有发热或呼吸道症状请勿探视，探视人员来院后应主动配合体温检测。

陪护（探视）人员须按既定探视路线进入病区并陪护在患者身边，不得私自到医院其他区域逗留和走动，探视时间控制在30分钟以内，以减少交叉感染机会。鼓励亲朋好友利用微信、电话等进行慰问。

陪护（探视）人员要注意患者及自身防护，做好手卫生、开窗通风。

陪护（探视）人员应如实提供流行病学接触史、病情等有关情况，对隐瞒流行病学接触史、病情的，依法追究相关责任。

五、上门服务管理

上门服务前与服务对象提前预约，询问服务对象流行病学史及最近患病情况。

上门服务时做好个人防护，随身携带防护及消毒用品。

对上门服务人员进行岗前培训，建立服务人员健康档案，开展每日三次体温检测等防控措施。

在疫情较重时，不提供理发、剪指甲、按摩理疗等与老人直接接触的服务项目。

在为老年人提供服务之前，需对老年人体温进行检测，详细询问其流行病学史，并做好相应的记录。

备注：以上内容仅供参考。各机构在开展传染病防控工作时，应根据当地卫生主管部门和疾控部门下发的文件执行。

第十四章 信息化建设建议

现有医养结合机构多数拥有自己的内部网络，但大部分机构网络基础设施较差，业务系统不成熟。近年来，机构业务的发展对信息化提出了较高要求，机构正在进行全面的信息化建设，通过信息化建设完善智慧患者服务、智慧医疗服务和智慧运营服务。因此，明确机构开展信息化建设的软、硬件要求及建设成效，明确机构自身的实际需求、发展程度和水平，建立符合行业业务需求、自身特点的互联互通的信息管理系统，符合机构信息化建设目标，有利于机构的良性运转。

第一节 医养结合机构建设建议

一、数据中心机房建设

数据中心机房建设应能满足"实用为主、功能齐全、兼顾美观"的建设总体目标。要符合以人为本、技术先进、功能实用、运行可靠、经济合理、施工维修方便等要求，充分考虑系统的可扩展性和可管理性，并在机房设计、建设过程中充分考虑今后的运行维护，有效降低机房运行及维护成本，整个项目应遵循下列原则。

（一）实用性原则

对于本项目各系统的建设，实用是第一位的。系统主要技术和产品应具有成熟、稳定、实用的特点，并充分满足应用、管理的需要。产品以当前需要为出发点，并充分考虑到长远发展。

（二）规范性和开放性原则

项目的设计在机房规划、机房场地环境、安全防范设计、建设及施工工艺及网络通信协议和接口标准等方面，应严格遵循有关国家、行业技术标准规范。使全系统的软硬件之间的相互制约和影响减至最小。

（三）先进性和成熟性原则

项目的规划应采用先进的理念，在设计时要特别注意总体解决方案应具有一定的前瞻性，在设备配备时应采用技术先进、实用的设备。涉及的主要材料如屏蔽设备、监控设备、UPS、机房空调等必须使用目前国内在技术、质量上处于领先的品牌，在施工时应取得采购方的认可，在设计中先进性与成熟性并重。

（四）安全性和可靠性原则

为保证各项业务的流程，网络必须具有高可靠性，决不能出现单点故障。要对机房布局、结构设计、设备选型、日常维护等各个方面进行高可靠性的设计和建设。在关键设备采用硬件备份、冗余等可靠性技术的基础上，采用相关的软件技术提供较强的管理机制控制手段和事故监控与安全保密等措施，提高机房的安全性和可靠性。

（五）可持续发展原则

设计时应充分考虑到机房空间不断加大的潜在需要，提高机房的空间利用率。

（六）经济合理原则

设计既要满足实际要求，又不能盲目追求先进，该精则精，能简则简，讲求实效。

（七）良好的可管理性和可维护性

整个系统操作使用必须灵活方便，要求产品要具有良好的可管理性和可维护性，在提高系统性能的前提下，降低总成本。

（八）可扩展性和可升级性

系统必须有非常好的扩充性，要以最低成本投入为前提，避免重复投资，充分考虑现有设备的再利用，升级要能够平稳过渡。

（九）人机工程原则

应具有符合人机工程原理的工作环境，保持机房工作人员基本的舒适性。

（十）环境保护原则

作为面向未来的机房，应充分体现环境保护的意识，加强环保措施，采用环保材料。

机房是机构未来的"神经中枢"所在地，除了其本身的设计需要考虑安全性、合理性之外，我们还必须考虑到可能出现的机房毁灭性灾难，如火灾等。要确保机构未来的数据中心安全可靠、易于管理、可扩展，要求至少达到国家计算机机房B级标准。数据中心机房必须严肃认真地综合规划、科学设计、严格施工。根据医院未来业务发展，机房建设可采用一体化集成，主要包括：机房装饰装修工程、机房综合布线、机房精密空调、机房UPS、机房防雷接地、机房供配电、机房动力环境监控、机房新排风、机房消防、机房监控。主要依据《数据中心设计规范》（GB 50174－2017）、《电子信息系统机房施工及验收规范》（GB 50462－2015）等规范进行改造或重建。

二、数据中心及容灾备份建设

数据中心网络由 2 台核心交换机作为数据交换核心，通过万兆光口连接服务器，同时千兆电口也连接服务器。重要系统使用高性能物理服务器运行 Oracle 数据库，其他业务系统以虚拟机的方式进入计算资源池平台。超融合架构是通过虚拟化技术，将计算、存储和网络功能（安全及优化）深度融合到一台标准 X86 服务器中，形成标准化的超融合单元，多个超融合单元通过网络方式汇聚成数据中心整体 IT 基础架构，并通过统一的 WEB 管理平台实现可视化集中运维管理，帮助用户打造极简、随需应变、平滑演进的 IT 新架构。超融合架构利用虚拟化技术，可以减少对硬件数量的需求，使应用部署的灵活性得到极大的改善，显著降低 IT 采购成本及维护成本。容灾备份建设，即配置一台备份一体机将数据库数据和虚拟机数据自动存入备份一体机中，出现系统故障需要数据恢复时，则从备份一体机中将原有数据恢复到原有设备中。

三、安全建设

通过满足物理安全、网络安全、主机安全、应用安全、数据安全五个方面的基本技术要求进行技术体系建设，让信息系统的等级保护建设方案最终既可以满足等级保护的相关要求，又能够全方面提供业务服务，形成立体、纵深的安全保障防御体系，保证信息系统整体的安全保护能力。医养结合机构可按照三级等保标准建设，建议主要配置包括：出口防火墙、上网行为管理、日志审计、堡垒机和数据库审计、终端杀毒等安全管理软件（设备）进行院内安全管理。

四、计算机网络建设

为保护核心业务系统的安全，根据业务、职能、信息安全级别的不同，医院信息系统应设计有逻辑隔离的两个数据通信网络，业务网和医院办公网。

业务网：内网，如 HIS、LIS、电子病历、PACS、养老软件等。

办公网：外网，如门户网站、Internet 等。

机构内、外网隔离最好的解决方法就是采取物理隔离、两套网络及两套终端的方式，物理分割内、外网。

内网是整个医院的核心网络，开展医院日常重要的医疗业务，对网络的可靠性、稳定性要求非常高。网络按照千兆带宽（可扩展万兆交换平台）设计，内网核心交换机双机冗余、负载分担。网内拓扑设计采用三层架构，分为核心层、汇聚层、接入层。核心层位于机房网络的中心，负责全网的路由交换，并与各服务器、存储等核心医院应用相连；汇聚层位于各大楼内的各楼层，负责直接接入桌面系统，内网采用千兆双绞线到桌面，与核心层进行千兆光纤连接。通过三层交换机设备的应用，实现强大的可管理性与安全性，按科室划分 VLAN 及网段分段互访。

外网主要用于医院 OA 办公、无线 WIFI，相对于内网来说可靠性要求相对级别次低级，访问互联网时采用一定的安全手段，如防火墙和 IDS；能够提供强大的网络访问控制、路由功能。按照采双核心交换机、双引擎、千兆接入到桌面。

五、软件建设

医养结合机构软件建设以基本养老服务为基础，以医疗服务为重点，为老人各种病症进行临床诊疗，提供及时、便利、精准的医疗服务，将生活照料、身体康复和临终关怀相结合。

在医院信息系统建设方面，主要是按照医院开展业务情况建设以电子病历为核心的 HIS 系统、LIS 系统、PACS 系统、医院运营管理系统（HRP）。建议系统配置时结合业务实际考虑各项重点工作、患者安全等闭环管理内容，以科学手段来落实质量建设和持续改进等工作。养老软件方面包含的功能模块主要有老人管理、医护管理、理疗管理、接待管理、评估管理、服务管理、订单管理等，有条件的机构可在医疗、养老软件的基础上依托物联网、云计算、大数据、智能硬件等新一代信息技术产品，实现养老资源的有效对接和优化配置，推动健康养老服务智慧化升级，提升健康养老服务质量、效率、水平。在医养机构软件建设方面，最重要的是数据互联互通，医疗信息系统数据与养老系统数据打通，实现医疗、养老两方数据利用的最大化。

第二节 上门服务机构信息化建设建议

一、数据中心机房建设

上门服务机构可按照 C 级机房标准进行建设，在场地设备正常运行情况下，应保证电子信息系统运行不中断。

二、数据中心及容灾备份建设

实现对数据中心内计算、网络和存储等硬件资源的软件虚拟化管理，对上层应用提供自动化服务。通过虚拟化和云管理平台软件的部署可以实现计算资源虚拟化，以及对计算、网络、存储资源的自动调度管理。建议使用双机热备份作为备份方式，双机热备份是针对服务器的临时故障所做的一种备份技术，通过双机热备份，可以避免长时间的服务中断，保证系统长期、可靠的服务。

三、安全建设

上门服务机构可按照二级等保标准建设，主要从主机安全、应用安全、数据安全与备份恢复四个层面建设。建议主要配置：出口防火墙、上网行为管理、日志审计、终端杀毒等安全管理软件（设备）进行院内安全管理。

四、计算机网络建设

在医养机构计算机网络设计中，全网分为核心层、汇聚层、接入层三层网络架构，采用万兆骨干、千兆汇聚、百兆到桌面的组网方案，既保证了当前业务系统的运行，又能满足机构未来对网络性能扩展的需求，各业务系统网络架构分区明确，层次清晰。

五、软件建设

信息化系统是构建养老服务体系的重要支撑载体。通过汲取各种先进的信息技术（物联网、互联网、智能呼叫、移动互联网技术、GPS定位技术等），可创建"系统＋服务＋老人＋终端"的智慧养老服务模式。通过搭建系统平台，老人可运用一系列智能设备（如老人机、腕表、无线传输的健康检测设备）实现与子女、服务机构、医护人员的信息交互。老人不必住在机构中被动接受服务，在家就可以挑选、享受专业化的养老服务，涉及生活帮助、康复护理、紧急救助、日间照料、人文关怀、精神慰藉、娱乐活动等。

参考标准

GB/T 29353—2012《养老机构基本规范》
GB/T 35796—2017《养老机构服务质量基本规范》
JGJ 450—2018《老年人照料设施建筑设计标准》
GB/T 18883—2020《室内空气质量标准》
GB 50140—2005《建筑灭火器配置设计规范》
GB 3096—2008《声环境质量标准》
GB 50033—2013《建筑采光设计标准》
GB/T 10001.6—2006《标志用公共信息图形符号第6部分：医疗保健符号》
GB/T 10001.9—2008《标志用公共信息图形符号 第9部分：无障碍设施符号》
GB/T 15565.2—2008《图形符号 术语 第2部分：标志及导向系统》
MZ/T 032—2012《养老机构安全管理》
GB 50763—2012《无障碍设计规范》
WS 444.2—2014《医疗机构患者活动场所及坐卧设施安全要求》
GB/T 37276—2018《养老机构等级划分与评定》
MZ/T 039—2013《老年人能力评估》
WS/T 431—2013《护理分级》
WS/T 313—2019《医务人员手卫生规范》
WS/T 367—2012《医疗机构消毒技术规范》
GB 50174—2017《数据中心设计规范》
GB 50462—2015《电子信息系统机房施工及验收规范》
GB 50311—2016《综合布线系统工程设计规范》
GBT 22239—2019《信息安全技术网络安全等级保护基本要求》
WS/T 311—2009《医院隔离技术规范》

参考资料

[1] 杨跃进,华伟. 阜外心血管病医院系列丛书:阜外心血管内科手册[M]. 北京:人民卫生出版社,2013.

[2] 黄振文,崔天祥. 实用临床心脏病学[M]. 北京:中国医药科技出版社,1997.

[3] 胡大一,马长生. 心脏病学实践:新进展与临床案例2011[M]. 北京:人民卫生出版社,2011.

[4] 葛均波,徐永健,王辰. 内科学[M]. 9版. 北京:人民卫生出版社,2018.

[5] 缪荣明. 老年长期照护与康复指导手册[M]. 北京:人民卫生出版社,2019.

[6] 周仲瑛. 中医内科学[M]. 2版. 北京:中国中医药出版社,2019.

[7] 何清湖,秦国政. 中医外科学[M]. 3版. 北京:人民卫生出版社,2016.

[8] 樊任珠. 内科护理[M]. 北京:中国中医药出版社,2013.

[9] 曹允芳,刘峰,逯传凤. 临床护理实践指南[M]. 北京:军事医学科学出版社,2011.

[10] 杨永学. 医养结合老年常见问题质量控制规范[M]. 成都:四川科学技术出版社,2017.

[11] 董碧蓉. 老年照护者手册[M]. 成都:四川大学出版社,2016.

[12] 徐波、陆宇晗. 肿瘤专科护理[M]. 北京:人民卫生出版社,2018.

[13] 冯丽华,史铁英. 内科护理学[M]. 北京:人民卫生出版社,2018.